中国非公有制经济人士统战研究基地丛书　主编　范柏乃

货币政策、微观权利映射与小微企业融资问题

一个阿玛蒂亚·森权利理论研究视角

苏小松 著

中国社会科学出版社

图书在版编目（CIP）数据

货币政策、微观权利映射与小微企业融资问题：一个阿玛蒂亚·森权利理论研究视角/苏小松著.—北京：中国社会科学出版社，2016.6
ISBN 978 - 7 - 5161 - 9552 - 9

Ⅰ.①货…　Ⅱ.①苏…　Ⅲ.①中小企业—企业融资—研究　Ⅳ.①F276.3

中国版本图书馆 CIP 数据核字（2016）第 325532 号

出　版　人	赵剑英
责任编辑	田　文
特约编辑	丁　云
责任校对	张爱华
责任印制	王　超

出　　　版	中国社会科学出版社
社　　　址	北京鼓楼西大街甲 158 号
邮　　　编	100720
网　　　址	http://www.csspw.cn
发　行　部	010 - 84083685
门　市　部	010 - 84029450
经　　　销	新华书店及其他书店

印　　　刷	北京明恒达印务有限公司
装　　　订	廊坊市广阳区广增装订厂
版　　　次	2016 年 6 月第 1 版
印　　　次	2016 年 6 月第 1 次印刷

开　　　本	710 × 1000　1/16
印　　　张	13
插　　　页	2
字　　　数	221 千字
定　　　价	58.00 元

摘　　要

　　摆脱贫困、促进国民财富增长是经济发展的主题，这并不容易，贫困与饥荒时常相伴，森提出了"权利方法"用以研究饥荒问题，几乎否定了 FAD 对饥荒的解释，权利方法强调市场、社会公正在解决饥荒等灾难中的重要性。现实中小微企业正经历着某种融资的"饥荒"，"融资难"反映出其强烈的融资诉求。

　　在权利方法看来，影响小微企业融资权利与可获得性的主要因素为小微企业自身的资源禀赋、融资权利映射系统以及货币资源。这三种因素在小微企业融资权利中发挥着不同的作用：资源禀赋起到了基础性作用；融资权利映射系统则决定了有多少资源禀赋可以映射到货币资金；货币资源的分配则影响了小微企业信贷市场上信贷资金的稀缺性。

　　在小微企业的资源禀赋中，流动资产、固定资产等有形资源禀赋对小微企业融资的作用要大于其他资源禀赋，尽管技术、生产经营能力、信用等资源禀赋开始发挥一定的融资作用了，这说明小微企业融资状况正在向好的方向转变，但是这种改善也是相对有限的，传统的"抵质押物"贷款模式已经松动，对小微企业融资权利起到改善作用。在小微企业融资权利映射系统方面，权利映射系统对小微企业融资可获得性具有最直接的作用，决策者可以通过制度供给来实现小微企业融资权利映射系统的优化，随着融资权利映射系统的优化，其弹性也在不断发生变化。决策者通过扭转对小微企业的歧视、金融机构多元化、金融机构向小微企业融资供给能力的培育推动小微企业融资权利映射系统的变迁，系统的变迁有效改善了小微企业融资权利，贷款利率自由化进一步释放了小微企业信贷市场的活力，为小微企业信贷市场有效运行进一步创造了有利条件；权利映射系统在微观层面则是机构及其信息生产问题，不存在最先进的小微企业融资模式，机构只能依据自有的信息结构进行信息生产的分工向小微企业供给融资，通过机构的比较来看，都能取得较好的绩效，商业银行对小微企业融资供给路径也要遵循信息生产的原则。在货币资源的融资权利分析中发现并非货币资源的绝对量降低了小微企业融资可获得性，而是货币资源的分配以及小微企业信贷市场存在着不同的市场势力阻碍了小微企业融资权利的改善。

最后研究表明，一个有效运行的信贷市场要优于政府直接干预、补贴小微企业融资，政府的最佳作用不是干预、控制市场，而是要构建一个有效运行的小微企业信贷市场，从而改善小微企业融资权利。小微企业融资状况的改善需要多方面协调推进，培育与小微企业资源禀赋相关的要素市场，提高小微企业资源禀赋的变现能力以及流通性，继续推动金融机构多元化，提高金融市场竞争程度，创新并传播小额信贷技术都是改善小微企业融资状况的必要政策。

关键词：权利方法，小微企业，融资权利，权利映射

Abstract

It is the theme of economic development to get rid of poverty and prompt the national wealth increase, which is not easy. The poverty always goes with the famine. Sen put forward the "entitlement approach", which nearly negate the FAD's famine explanation. The entitlement approach emphasizes the importance of the market, social justice in settling with the famine or other disaster. In the reality the micro and small enterprise (MSE for short) are going through "famine". It's difficult to get the loan for them, which also reflect their strong finance demand.

From the entitlement approach, the main factor that influence the MSE financial entitlement andavailability can be categorized as: the MSE own endowment, financial mapping system and monetary resource, which play the different role in the financial entitlement. The endowment plays a basic role. The financial entitlement system determine how much money the endowment map. The allocation of the monetary resource has influenced the credit scarcity in the MSE credit market.

In the MSE endowment, current asset and fixed asset etc. visible endowment plays a greater role than other endowment in the finance. Although technique, production management ability begin to work in the enterprise finance, which shows the MSE finance is turning better, but the improvement is limited. The traditional mortgage loan method has relaxed, which improve the MSE financial entitlement. In the MSE financial entitlement mapping system, it exerts a direct function on the MSE financial availability. The policy – maker can optimize the financial entitlement system, the system elasticity is changing with the system optimization. The policy – maker can push the financial entitlement mapping system transition by turning around the discrimination on the MSE, financial institutional diversification and loan supply capability culture. The system transition effectively improve the MSE financial entitlement. The loan rate liberalization further released the MSE credit liveliness, which effectively create the beneficial condition. The micro level of the entitlement mapping system are the institution and information production. There is no advanced financial method. The institution can only make information production division to supply loan according to its own information structure. By the institution compare, all the new rural financial institutions can get a good performance. Also the commercial bank obey the information production principle. In the financial entitlement analysis of the currency resource, we can discover that the currency amount did not reduce the financial availability, but the allocation of the currency resource and the market power impede the financial entitlement improvement.

In the end, the study demonstrates that an effectively functioning credit market is better than the government intervene and subsidy. The best role for the government is not to control the market, but construct a better credit market, which improve the MSE financial entitlement. The MSE financial situation improvement need a many – sided coordination. It's necessary that cultivate the MSE endowment market, which raises the endowment liquidity. The financial institutional diversification can raise the financial market competition. The innovation and propagation of the microcredit technique are also necessary.

Key Word: entitlement approach, the micro and small enterprise, financial entitlement, entitlement mapping

目　　录

第一章　导论

一　研究背景

摆脱贫困不是一件容易的事情。贫困与苦难犹如孪生兄弟从来没有退出过人类历史舞台。从人类社会接受到第一道文明曙光开始一直到工业革命前夕，贫困、饥荒仍然是悬在人类头顶上的达摩克利斯之剑，即便是在"二战"之后，经济发展落后国家也发生了不同程度的饥荒，如埃塞俄比亚饥荒、孟加拉国饥荒等。

寻找经济发展之道、实现财富增长和摆脱贫困是经济学永恒的主题，从前古典时期到 21 世纪，无数经济学家为之不懈奋斗。最早的重商主义和重农主义分别提出了贸易利润和农业在经济发展中的重要作用。斯密在《国富论》中对重商主义进行了严厉的批判，并阐述了分工对于经济发展和财富增加的作用，分工提高了生产效率，每个人都因为专业分工而在总体上成倍增加了经济产出，这部不朽的著作见证了人类奋进向上的伟大时刻，尽管这一过程与"革命"的迅速意义有一定的差别。兰德斯（2001）在其著作《国富国穷》中指出，此次工业革命的意义在于深，而不在于迅速，诸多重要技术是经过时间的完善才最后成型的，如蒸汽机从 1689 年托马斯·萨弗发明利用蒸汽造成真空以推动水泵的装置到 1705 年托马斯·纽科门发明的真正意义上的蒸汽机、再到 1768 年詹姆斯·瓦特发明了带有分体凝汽室的蒸汽机，其后 15 年，又一次次改进才能旋转带动其他装置，蒸汽机技术的进步之路是艰难而缓慢的，其他技术则更是如此。早期资本主义的经济发展表现出了野蛮的一面,马克思在其著作中对此进行了无情的批判,但是马克思忽视了"工业革命对经济福利长期的杠杆作用"①(罗伯特·L.海尔布罗纳、威廉·米尔博格,2012),经济发展总体上改善了工人阶级的生存状况。

"二战"之后,原来的殖民地国家纷纷独立,在寻求经济发展的道路上,他们选择了资本积累的增长方式,这种方式受社会主义经济理论和苏联模式影响在发展中国家大行其道,"依附学派"的思想和伊曼纽尔·沃勒斯坦(Immanuel Wallerstein,1998)的"边缘—中心理论"更加强化了发展中国家的这种印象,通过对农业、农村和农民的剥削以达到资本积累的目的是非常普遍的,出于对经济独立的渴求,新政权们对市场经济和贸易都极为反感,追求大而全的工业体系当时在发展中国家政府看来完全是理所当然的,通过信贷补贴等金融抑制手段将廉价资金导向国有企业是这些国家的一贯做法,但从实际效果来看,多数发展中国家并没有实现经济的快速发展,低效和脆弱的农业经济使得这些国家并不能如愿以偿地达到经济快速发展的目的,从而不得不面临转变政策的选择。同时,这一时期的发展经济学研究也表明物质资本对经济增长的贡献是有限度的,更重要的是促进全要素生产率的提高,根据经济增长类型的差异,速水佑次郎提出了马克思经济和库兹涅茨经济(1998),库兹涅茨经济全要素生产率大幅提高,则经济得到整体改善,人均收入水平上升。

---

① 参见[美]罗伯特·L.海尔布罗纳、威廉·米尔博格的《经济社会的起源》,第70页:"国会委员会发现,一个手工纺织工用工资能够购买的补给品,在19世纪30年代初是19世纪30年代末的3倍,尽管每一个行业的遭遇并非完全相同,但是,工业革命的第一次涌流带来了苦难,而工业革命的益处并非立竿见影。然而,到了1870年,工业革命的长期效应开始逐渐浮现。生活必需品的价格那时已上升到15先令,但是每周工资也随之逐渐提高,达到甚至超过了15先令。劳动时间也缩短了。……一周工作时间从61小时下降到54小时。"

表 1－1　　　　　　　　1992—2012 年私营企业发展情况

年份	户数		人数		注册资金	
	数量（户）	增长（％）	数量（万人）	增长（％）	数量（亿元）	增长（％）
1992	139633		232		221	
1993	237919	70.39	373	60.78	681	208.14
1994	432240	81.68	648	73.73	1448	112.63
1995	654531	51.43	956	47.53	2622	81.08
1996	819252	25.17	1171	22.49	3752	43.1
1997	960726	17.27	1349	15.2	5140	36.99
1998	1200978	25.01	1709	26.69	7198	40.04
1999	1508857	25.64	2022	18.31	10287	42.91
2000	1761769	16.76	2407	19.04	13308	29.37
2001	2028548	15.14	2714	12.75	18212	36,85
2002	2638300	30.1	3409	25.61	24756	35.93
2003	3287200	24.6	4299	26.11	35305	42.61
2004	4024100	22.4	5017.3	14.32	47936	26.35
2005	4719500	17.3	5824	16.08	61331	27.94
2006	5441400	15.3	6586	24	76029	13.1
2007	6030500	10.8	7251.1	10.1	93900	23.5
2008	6574200	9	7904	9	117400	25
2009	7402000	26.31	8607	23.68	—	—
2010	8455000	25.61	9417.6	22.85	190000	45.55
2011	9677000	24.99	10353.6	22.13	250000	44.78
2012	10857200[1]	24.32	11000[2]	21.28	311000[2]	43.69
年均增长		27.96		25.58		

统计口径说明：全国规模以上工业企业统计范围 1998 年至 2006 年为全部国有及年主营业务收入在 500 万元及以上非国有工业企业；2007 年至 2010 年为年主营业务收入在 500 万元及以上的工业企业；2011 年为年主营业务收入在 2000 万元及以上的工业企业。这里的民营企业主要是规模以上的民营工业企业。2012 年数据来源：1 来自国家工商行政管理总局《2012 年全国市场主体发展总体情况》，2 来自全国工商联 2012 年度《中国民营经济发展形势分析报告》，其余与上年度本报告相同。

马克思经济增长类型强调资本积累，苏联式的中央计划经济在 20 世纪 60 年代实现了高速增长，并为其他发展中国家所效仿。苏联模式为了实现经济现代化战略的赶超目标，"有选择、不平衡的增长，把资源集中于所谓'增长的引擎'部门和活动中去"成为苏联战略的一条重要原则（W. 布鲁斯、K. 拉斯基，1998），实际上这一战略原则造成了不同经济主体之间的严重不平等，而库兹涅茨提出的现代经济的一个重要特征就是"社会和经济均等化"（托达罗，1999）。苏联模式为了生产而生产，不计代价的牺牲消费、农业和轻工业，以致 20 世纪 80 年代后，这些发展中国家经济增长绩效变差，国民经济结构严重失衡，苏联模式并没有使这些国家的国民财富得到快速积累，很多发展中国家的生活水平仍然低下。

苏联模式的失败引发了 20 世纪 80 年代发展中国家的一系列市场化改革浪潮，新自由主义在全球范围崛起，最终形成华盛顿共识，这一系列的变化对原来坚持苏联模式的国家产生了极大的冲击。苏联解体后，苏联以及东欧国家采用了"休克疗法"，在极短时间内快速推行私有化、市场化。中国在 1978 年开始进行全面的经济改革，将市场机制引入经济的各个领域，但是与东欧、苏联国家不同，中国采取了渐进改革的策略，首先在农村经济领域推动改革，继而在城市推动国有企业改革，在金融领域则逐渐放松，推动利率自由化，经济逐渐走向金融深化。

中国的改革一直致力于市场经济的建立与完善，鼓励各种所有制经济共同发展。中国的改革承认了私营经济的重要性，确立了私营经济的合法地位，将 2004 年的《宪法修正案》中《宪法》第十一条第二款"国家保护个体经济、私营经济的合法的权利和利益。国家对个体经济、私营经济实行引导、监督和管理。"修改为："国家保护个体经济、私营经济等非公有制经济的合法的权利和利益。国家鼓励、支持和引导非公有制经济的发展，并对非公有制经济依法实行监督和管理。"个体工商户、私营企业快速发展（表1-1），逐渐成为经济发展中的重要角色，私营经济激励渴求财富、摆脱贫困的人们纷纷投身改革浪潮。在 20 世纪 80 年代、90 年代，"乡镇企业"、"下海"成为一种社会风潮，私营经济迅速崛起，成为中国经济的一支重要力量，它极大地释放了经济活力，"致富"成为当时的时代主题。

改革努力使各个不同的经济主体能够处在一个较为平等的竞争位置上，但是长久以来苏联模式形成的政策惯性使很多不平等因素一直存在，这种不平等对经济中的资源分配产生了重大影响。信贷资源的配置可以说就是不平等的一种体现，信贷资源有限，供不应求导致了信贷配给的必然，这就产生了金融抑制。中国的改革承认了私营企业的合法地位。私营企业在所有企业中，按规模划分，数量最多的是小型企业和微型企业。2011 年 9 月，工业和信息化部、国家统计局、国家发展改革委员会、财政部《关于印发中小企业划型标准规定的通知》（工信部联企业〔2011〕300 号），我国小微企业划分标准正式确立，在本书的研究中，小微企业以此作为标准（小微企业是小企业和微型企业的统称，因此本书研究对象同时包含了小企业和微型企业）。

小微企业的发展对于经济的全面进步和发展起着至关重要的作用，但是由于金融体制以及其他因素的影响，小微企业并不能在信贷市场上获得相应的位置。"融资难"一直是这一类企业面对的重大发展难题，信贷市场上的不平等境遇妨碍了这些企业的健康发展。

小微企业对于正在发展中、希望实现财富快速增长的中国意义非凡，小微企业包含着中国人追求财富的强烈意愿和对改变自我生活的热切期盼，小微企业在经济发展中扮演着极为重要的角色。小微企业一般集中分布于与人民生活息息相关的行业，如批发和零售业、住宿餐饮业、居民服务和其他行业；同时，小微企业的进入门槛较低，它对资本以及技术的要求不高，相比于大型企业和中型企业，小微企业的地理分布是最广泛的，数量也是最多的，小微企业数量要占所有工业企业数量的 90% 左右。由于小微企业的广泛分布，它对于经济发展的作用如同生物机体最简单的组织，处在产业链条的最低端，直接面向市场，它们的发展直接影响到经济的微环境运行状况。

表 1－2 小微企业划分标准

部分行业	微型企业		小型企业	
	营业收入（万元）	从业人数（人）	营业收入（万元）	从业人数（人）
农、林、牧、渔业	0－50		50－500	
工业	0－300	0－20	300－2000	20－300
批发业	0－1000	0－5	1000－5000	5－20
零售业	0－100	0－10	100－500	10－50
交通运输业	0－200	0－20	2000－3000	20－300
仓储业	0－100	0－20	100－1000	20－100
邮政业	0－100	0－20	100－2000	20－300
住宿业	0－100	0－10	100－2000	10－100
餐饮业	0－100	0－10	100－2000	10－100
信息传输业	0－100	0－10	100－1000	10－100
软件和信息技术服务业	0－50	0－10	50－1000	10－100
物业管理	0－500	0－100	500－1000	100－300

　　小微企业对国民经济的就业率和工业产值作出了贡献。由于小微企业所处的产业主要为劳动力密集型的产业，因此，小微企业提供了最多的就业岗位，吸纳了绝大多数的劳动力，均超过大、中型企业（如图 1－1 所示）。从图 1－1 中可以发现，小型企业吸纳就业人数有所波动，但总体上呈增长趋势，大、中型企业就业人数也有所增加，从趋势上看，这三类企业吸纳就业人数增长量都有所放缓。小企业就业人数从 2005 年的 3097.04 万人增至到 2010 年的 4151.49 万人，而个体户户数在 2012 年年底达到 4059.3 万户，同时就业人数达到 8628.3 万人，可见小微企业对整体就业的贡献份额之大。

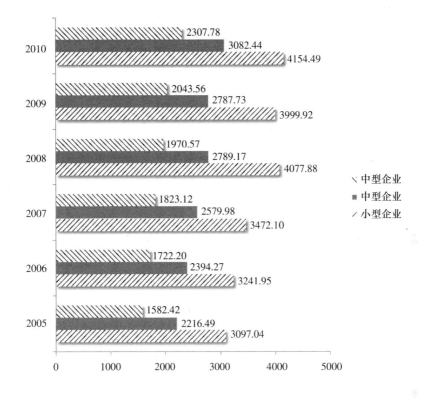

图1-1　大、中、小型企业就业人数（单位：万人）

资料来源：中国工业经济统计年鉴，全国规模以上工业企业统计范围2005年至2006年为全部国有及年主营业务收入在500万元及以上非国有工业企业；2007年至2010年为年主营业务收入在500万元及以上的工业企业。

在工业总产值中，小型企业也做出了相当大的贡献（如图1-2所示）。从2004年至2010年的情况来看，小微企业对工业总产值的贡献在35%至40%浮动。从趋势上看，尽管在2008年至2010年爆发了经济危机，欧美国家消费不振，出口压力增加，小企业工业产值仍然出现增长的趋势，在2010年有所下滑。

2008年发生的金融危机对小微企业产生了很大的影响，尤其是那些依靠对外出口加工贸易的小微企业，出口形势的恶化对这类企业冲击更大。小微企业的快速发展完全是在利润的驱动下产生的，企业家将企业家精神发挥到极致，利用"人口红利"——较低的劳动力成本以及其他资源成本；同时以出口为导向，利用相对宽松的世界贸易环境；双管齐下，使小微企业得到快速发展。但是自2008年世界金融危机爆发之后，小微企业的低成本快速扩张优势逐渐消失，随之而来的是成本上升压力加大。2012年亚布力中国企业家生存环境指数调查显示：57%的企业家认为人工成本过高。在2012年，有超过九成的企业为基层一线员工提高工资，且平均涨幅约为14.4%，而且77%的企业计划在2013年继续为员工涨薪。30.7%的企业家认为原材料成本过高，32.3%的企业家感觉到企业运营资金紧张，并且，企业自筹资金的比例为69%，还有32.7%的企业家认为税负过重，小微企业发展受到诸多问题的困扰。

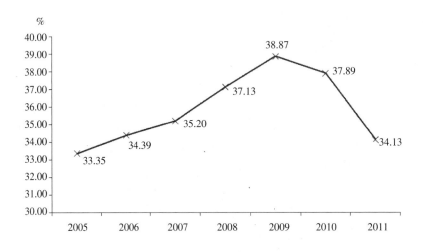

图1-2 小型企业工业产值比重

资料来源：2005年至2010年同图1-1，2011年为年主营业务收入在2000万元及以上的工业企业。

金融危机的爆发使本就不平等的、脆弱的信用环境趋于恶化，小微企业的脆弱性暴露无遗，信贷环境恶化对小微企业融资产生了不小的冲击。2008年至2012年，企业主跑路、高利贷、非法集资等事件不断见诸报端，成为社会公众关注的焦点。高利贷事件中的很多企业都经历了借贷、高额负债、最后破产的过程，高利贷事件往往伴随着暴力。这一系列事件的背后折射出的是小微企业在信贷市场中的不平等地位，小微企业融资难的问题在短时间内难以得到根本上的解决。

随着经济危机的加深、社会收入分配差距拉大、社会矛盾加剧等一系列问题凸显和激化，中国经济发展面临转型的艰难任务。要改变以往依靠投资和出口拉动经济增长的局面，就必须改变经济结构，扩大内需、改善民生、藏富于民。小微企业是民众赖以实现致富目标的最佳载体，小微企业数量剧增、社会创业风潮一浪高过一浪，显示出了小微企业的致富功能，多数人的富裕将增大社会中间阶层比例，更多的公平机会将使社会矛盾缓解，并趋于稳定，促进小微企业发展就是政策的最佳着力点。小微企业的发展将直接拉动消费增长、促进就业。通过改善信贷环境以及提高小微企业的贷款可获得性，将极大地促进小微企业的发展，这将产生不可估量的财富效应和社会效应，并进一步形成新的经济增长点，社会财富结构、收入结构应时改善，经济持续稳定增长，经济平稳度过"中等收入陷阱"，实现战略转变亦未可知。或许，实现共同富裕的目标应该从实现多数人的富裕开始，并为多数人实现富裕创造良好的条件。

由于小微企业自身和外在的种种问题，其发展仍然面临很大的阻碍，在这些问题中，首当其冲的是融资问题。尽管小企业对国民经济做出了巨大的贡献，但是它们的贡献并没有得到承认。将2008年至2012年上半年的金融机构贷款投向统计数据进行整理后可以发现[①]，各大金融机构向小企业贷款在总贷款中所占比重均不足20%，这与小企业对工业总产值中达近40%的贡献是极不相符的。这种情况亟须改善。

---

① 其中2008年数据来自中商情报网：http://www.askci.com/data/2011/10/01164947740.shtml.

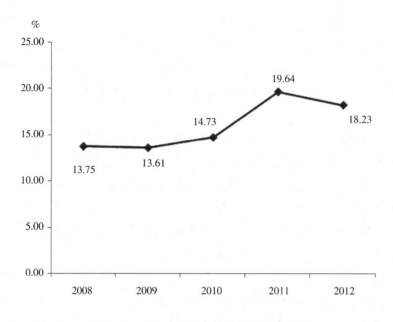

图 1 - 3　小企业贷款在总贷款中所占比重

为改善小微企业融资环境，2011 年 5 月 25 日，中国银行监督管理委员会发布《中国银监会关于支持商业银行进一步改进小企业金融服务的通知》（银监发〔2011〕59 号），该通知确立了"商业银行的六项机制和四独原则"，并鼓励商业银行小企业信贷业务专营化运作。同年银监会 10 月 24 日的补充通知（银监发〔2011〕94 号）明确商业银行小微企业贷款增量目标。2012 年 4 月 26 日国务院办公厅发布《关于进一步支持小型微型企业健康发展的意见》，提出"鼓励商业银行增加小微企业贷款量，拓宽小微企业的融资渠道，规范商业银行对小型微型企业的融资服务"。2012 年 3 月，温州金融改革试验区设立。2013 年 7 月，金融机构贷款利率完全放开。这一系列金融政策的推行是小微企业融资问题的重要背景。

小微企业融资问题的另一个重要背景是小额信贷在全球范围内的兴起，尽管小额信贷作为一种金融创新还存在诸多争议，但是它的一些信贷技术、理念已经深刻地影响了传统信贷模式，在传统信贷模式下，一些看似无解的信贷问题可以得到很好的解决。2000

年至 2005 年，在央行推动下，农村金融机构开始推行小额信贷试点。2005 年国际小额信贷年会提出"普惠金融"理念。2006 年国务院扶贫办、财政部发布关于开展建立"贫困村村级发展互助资金"试点工作的通知，在全国 14 个省份开展试点工作。2008 年 5 月，银监会和央行联合出台《关于小额贷款公司试点的指导意见》，将专业性小额贷款机构作为正规金融制度安排。此后，小额贷款公司实现快速发展，根据央行统计数据，截至 2013 年年底，全国共有小额贷款公司 7839 家，贷款总额 8191 亿元，全年新增贷款 2268 亿元。除政府推动的小额信贷机构之外，在不少地区，民间非政府组织、农民也自发地进行了不少的探索。小额信贷的快速发展促使"普惠金融"理念广泛传播，为小微企业融资不平等境遇的改善提供了一种理论准备，而小额信贷技术的传播为小微企业融资问题的解决提供了技术支持。

小微企业融资问题被广泛关注和小额信贷的兴起并不是偶然，更不是简单的金融市场现象或经济现象，它背后所反映的是人类对改变自身命运、摆脱贫困的强烈愿望以及诸多不平等的现状，小额信贷与摆脱贫困、改变不平等的社会诉求息息相关。小微企业的快速发展代表了普通民众获取财富的美好愿望，小微企业融资问题折射出公众对机会公平的诉求，这正是"普惠金融"所传达的理念。

二　研究意义

小微企业融资问题的研究具有重要的理论意义和现实意义。

借助阿玛蒂亚·森的权利方法研究小微企业融资问题具有很强的理论意义。尽管小微企业融资问题的研究成果已经大量出现，但对小微企业融资问题理论方面的研究相对缺乏，尤其是缺少对小微企业融资问题的系统性认识。这造成了小微企业融资问题诸多方面的局限性，其得出的政策含义往往是简单地增加银行信贷供给量或改革金融体制，借助森的权利方法将有助于获得对小微企业融资问题新的、全面的认识。权利方法在分析饥荒问题时显示出了其独到之处，权利方法在小微企业融资问题的应用是对权利方法的发展。

小微企业融资问题的研究具有很强的现实意义。小微企业在整个国民经济中占有重要地位，它与民生、就业、收入分配等问题息息相关。在经济危机不断深化、经济亟须转型以及社会矛盾加剧的情况下，解决小微企业融资问题，促进小微企业健康发展，可以缓解就业压力和拉平社会收入差距，因此，小微企业融资可获得性的研究显得尤为必要。中国的金融体制正在进行一些重大改革，如贷款利率自由化、金融机构多元化，小微企业融资问题的研究将从对小微企业融资有利的公正角度评估这些改革效果，从而为下一步的改革提供有力的政策支持。

三　国内外研究现状与文献评述

（一）阿玛蒂亚·森的权利理论

阿玛蒂亚·森是一位充满人道主义关怀的经济学家，他强烈关注着公平、福利和贫困等问题，并在经济发展、社会选择理论、福利经济学等方面的研究上作出了突出的贡献。森（1976）的权利理论诞生于 20 世纪 70 年代，当时孟加拉和埃塞俄比亚刚刚发生大饥荒，食物供给下降（Food Availability Decline，FAD）在饥荒产生的原因中占据了主流地位。FAD 的主要观点是，由于食物在短期或者一定时间内急剧下降，大部分人不能获得足够的、能够维持自身生命有机体的食物，从而导致了大量人群处在饥饿状态（Brown and Eckholm，1974）。流行疾病会伴随饥荒而来，大规模的流行疾病如疟疾、腹泻会导致死亡人数急速上升，卫生系统及下水道系统的崩溃使这种情况恶化。

森（1976）对 FAD 观点提出了强烈的质疑，并初步阐述了权利理论。森在《权利失败的饥荒》（*Famines as Failures of Exchange Entitlement*）中分析了 1941 年到 1944 年孟加拉的粮食供给状况，发现当时的人均粮食占有量并没有大幅下降，即便在当时印度政府出于战争的考虑（日本军队即将入侵），当局实施了粮食禁运政策，1943 年的粮食储量仍然要高于 1941 年，但 1941 年没有发生饥荒，而 1943 年却发生了饥荒。对于这种情况，森给出的答案是权利的失败，而非粮食供给量的下降。森以 1941 年作为基年，比较了大米、衣服、竹伞、鱼、牛奶、理发等商品劳务的价格以及农村不熟练工的工资增长情况，发现大米价格在 1942 年年末至 1943 年出现大幅上涨，而其他商品价格则出现了大幅的下降。大米价格的大幅上涨、其他商品价格的下降正好导致了这些阶层购买力的下降，这种权利的减少就造成了大量的饥饿现象。这一阶段森的权利理论只给出了交换权利一种，交换权利则基于能够进行自由交换的市场经济，森还没有扩展到其他权利，并且没有在经济学上对权利理论进行一个彻底的阐述，即森没有解释权利机制是如何发生作用的，它如何影响不同阶层的人，以及相应的政策含义，这些问题在森的《权利失败的饥荒》中并没有答案。但是权利理论已经能够解释为什么 1943 年孟加拉在食物总量未大幅下降的情况下却发生了大饥荒。

值得注意的是森的"权利理论"所使用的权利一词为英文中的"entitlement"，而不是"right"。Entitlement 包含了津贴、好处的意思，相对于具有政治属性的"right"，entitlement 具有更多的经济属性。但术语"权利"一词也造成了一定程度上的概念模糊，权利变成了实际收入、权利（right）或贸易所得收入的代名词（Des Gasper，1993）。这对于进一步的研究是不利的，因为似乎没有其他更好的形容词语能够代替森所描述的这种关系。权利类似于一个开放的系统，它囊括了禀赋、映射和商品等重要因素，森用"权利"一词极力描述这些因素之间的关系，既包含这些元素，又包含它们的关系。森描述了静态关系，但没有对动态关系进行描述，这是他的权利理论值得进一步深入研究的地方。

在对饥荒问题进行分析时，森提出了分析饥荒问题的权利方法（Entitlement Approach），也有的学者将 Entitlement Approach 翻译为"权利分析观"（李实，1999），严格来说，权利方法并不是一种特定的"方法"，而是一种分析观，从"权利分析观"出发的方法可以被称为"权利方法"。对于饥饿，权利方法所重视的是一个人因为没有支配足够食物的能力导致饥饿发生的可能性，并且"重视每个人控制食物在内的商品组合的权利，并把饥饿看作是违背赋予取得一个包含有足够食物消费组合权利的结果"。E_i权利"取决于个人的资源禀赋（endoment）（所有权组合）和交换权利映射（为个人的每一资源禀赋组合规定他可以支配的商品组合集合的函数）"。

森将权利理论系统表达出来（1981）。假设第 i 个人所拥有的除了粮食以外的其他商品或者资源禀赋为 X_i，X_i 的量为 q_i，价格为 p_i，食物价格为 p_f，第 i 个人的权利为 e_i，则其获取食物的权利为 $e_i = \dfrac{p_i}{p_f} q_i$，权利映射为 $E_i(\cdot)$，对于任一 X_i，存在 $E_i(X_i) = \{y \mid y \in X_i \& p_i y \leqslant p_i q_i\}$。这里，森（1981）改进了一般均衡模型的假设，按照一般均衡的假定，消费者是不用进行贸易就可以依靠自己拥有的资源生存下来（Koopmans，1957），但事实上却不是这样的，大量的农业工人、手工业者在饥荒中饿死了。权利的失败是引发饥荒的关键所在。如果令第 i 个人生存所需的食物量的资源禀赋量为 F_i，如果 $E_i(X_i) \cap F_i = \varnothing$，则发生饥饿，第 i 个人的饥饿集合为：$S_i = \{z \mid z \in X_i \& E_i(X_i) \cap F_i = \varnothing\}$。

图 1-4 解释了饥荒发生的权利理论，纵轴为非食品商品，横轴为食品，食品与非食品商品之间的相对价格为 P，在一个自由的市场经济内，食品与非食品商品可以相互兑换，最少的食物量 OA 为最低食物需求，当食物量低于 OA 时，饥饿发生。当相对价格为 P 时，OBA 为饥饿集合，当第 i 个人的资源禀赋点在 X_i 时，没有发生饥饿，当相对价格上升时，发生饥饿；当资源禀赋下降至 X_i^* 时，发生饥饿。资源禀赋的减少和粮食相对价格的上涨都会导致饥饿发生。森用权利理论对 1943 年的孟加拉大饥荒进行了研究，数据显示 1943 年农业工人、渔民、理发师、竹工匠的权利严重、持续下降，这些阶层的赤贫加重了他们饥饿的状况。大米价格的上涨在这场饥荒中发挥了关键的作用。而且某种程度上，饥荒引发了社会财富的重新分配，赤贫的发生剥夺了很多人的财产，社会生产力

遭受巨大破坏。1973 年在沃洛发生的饥荒中，粮食价格没有上涨，但是当地购买力的下降致使大量粮食从此地流出，牧民、农民死亡率较高。在 1974 年孟加拉国的大饥荒中，粮食总量没有下降，但粮食价格却发生了上涨，工资劳动与大米交换比率不同程度地下降，这引发了那些依靠货币工资生活的工人的大量死亡，在一份随机抽查中，运输工人死亡率为 100%，货币工资工人死亡率为 88%。

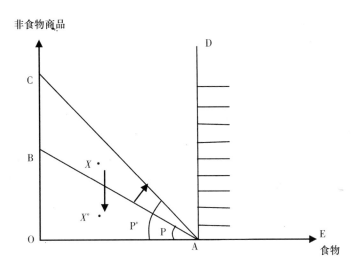

图 1-4 资源禀赋、交换权利映射的变化与饥饿

引发饥荒的原因可能是很多种的，但是它们几乎无一不是通过影响权利来发挥作用的，所以政策含义也要发生相应的转变，森批判了在饥荒中不作为或反应迟钝的政府，错误、盲目以及不当的政策破坏了权利系统的稳定，灾害、战争等现象加强了人们粮食价格上涨的期望，投机商囤积粮食使得粮食价格大幅上涨，权利系统被破坏，饥荒最终难以避免地发生了。

（二）权利理论的批判与发展

权利理论有效地解释了饥荒产生的原因，当然权利理论的有效

性也受到过质疑和批评。大致上，对森的权利理论的批评共有五点
（Alex de Waal，1990）：第一，权利理论将饥荒的受害者基本看作
处于被动地位，饥荒的受害者几乎没有任何自救的余地。第二，权
利理论过分强调资产、工资、劳动力等模式，穷人的低收入窘境加
深了饥荒的特征，但是对于解决问题似乎意义不大。第三，权利方
法过分经济主义。森也承认社会混乱、迁徙和疾病都是饥荒的一部
分，但是由于过分强调权利，这些社会问题被忽略了。第四，权利
理论没有为暴力留下研究空间。森只是在很少的几处提到过抢劫对
权利的影响，但暴力活动在非洲饥荒中却是非常普遍的（Alex de
Waal，1990）。第五，权利理论不能部分地或全部地解释导致饥荒
中人们遭受伤害的历史过程。权利理论没有试图去解释饥荒发生的
整个的变化过程，这显然在某种程度上降低了权利理论的价值。

除了批判，从已有文献来看，对权利理论的反驳主要分为两
种：重新阐释数据进行反驳和举反例反驳（Stephen Devereux，
2001）。第一种，重新阐释数据对权利理论进行反驳。这些反驳的
理论通过重新整理数据，并且指责森所采用的数据存在很强的可疑
性，继而批驳权利理论。Peter Bowbrick 重新整理 1943 年孟加拉大
饥荒时期的数据，认为即使森所使用的数据与他自己的理论不产生
冲突，森的数据也是极为不可靠的，认为森的解释假设无论在理论
上还是事实上都是错误的，而且 1943 年的孟加拉政府就是依据森
的建议行动的（1986）。显然，Bowbrick 完全否定了森的权利理论，
言外之意是权利理论是无用的，饥荒的真正原因仍然是 FAD。森回
应了 Bowbrick，指出 Bowbrick 的批评有概念混乱的地方，通过数据
的分析指出孟加拉粮食供应量没有下降，FAD 是站不住脚的。

第二种，通过举反例对权利理论进行反驳。他们试图证明权利
理论在有些情况下是不适用的，并列举某些森没有解释过的饥荒，
试图证明有些饥荒不是由于权利系统的崩溃才引起的。但这些证明
却没有从根本上推翻权利理论，如 Bob Baulch 对沃洛 1982 年至
1985 年饥荒的分析解释以反对森的权利理论（1987）。Baulch 发现
1984 年沃洛饥荒有 3/4 的时间谷物价格是大幅上涨的，这与森在

1972 年至 1973 年在没有谷物价格上涨的情况下大量人饿死的发现截然不同，但是 Baulch 却没有给出进一步深入的解释，并且他的研究也不足以反驳森的权利理论。

另外一种观点则认为 FAD 本身就是权利理论的一部分，FAD 不与权利理论相冲突，而是权利理论包含了 FAD（Osmani，1993）。FAD 观点的粮食的突然下降导致了粮食可获得性的下降，就在不同程度上破坏或减少了消费者获取粮食的权利，引发饥荒，FAD 证实了权利理论，而不是反驳了权利理论。

总体来看，对权利理论的批判和反驳并不足以推翻权利理论，但是这些批判使权利理论自身的缺陷和不完美暴露出来。归结起来，主要有三点：第一，权利理论过分依赖资源禀赋。这就容易导致权利陷入一种资源与食物交换的多少而已，对于饥荒其他因素的研究不够深入，模型的过分简化容易使理论失去其指导意义，一个完整的饥荒模型或者加入暴力变量的饥荒模型需要重新建立，并阐述饥荒的发生过程（Alex de Waal，1990）。第二，权利理论的映射或函数关系应当是更重要的研究内容。权利的映射代表了在一个市场经济中一种商品转换为另一种商品的过程以及转换所需的各种制度条件，这就不难发现"森的权利理论引发了新一轮对制度经济学和经济人类学的研究热潮"（Des Gasper，1993）。第三，权利理论的"权利"一词仍然具有一定的模糊性（S. Devereux，2001）；如果对"权利"宽容的话，它是一个开放的系统，需要研究的内容很多，但如果严谨的话，权利又没有明确的研究界限，容易造成概念的混乱，研究对象不明确会影响进一步的分析。

但反过来看，权利理论是一种有效的研究方法。研究对象的选择可以依据研究内容的不同而不同，权利方法可以为研究不符合经济学完美均衡模型假定的、现实中的经济现象提供强有力的分析工具，权利方法似乎是对一般均衡模型的扩展，能够在一定程度上解释更为复杂的经济现象，比如饥荒。当然它也能够对小微企业融资进行解释。值得关注的是，森的权利理论已经在妇女权益（Clem Tisdell，Kartik Roy and Ananda Ghose，1999）、减贫方面得到了应用。

（三）基于阿玛蒂亚·森权利方法的小微企业融资文献评述

本质上，阿玛蒂亚·森的权利方法是一种基于某一经济个体在自由交换的市场经济中的资源交换行为的研究方法，由于可以通过观察该经济个体的权利束来确定其在市场上的获取资源的能力大小，因而权利方法就具有相当的普遍性和适应性，也就是说权利方法不但可以用来研究饥荒，而且可以用来研究融资问题，它们的区别在于，一方的目标函数是食物；另一方的目标函数则是现金。权利方法包含了三个主要因素：第一，经济个体所拥有的资源禀赋。第二，权利的映射关系函数，即资源禀赋映射到其他商品的函数关系。在很多时候，映射关系发挥的作用可能要大于资源禀赋的作用，映射关系包含了较为复杂的制度因素，比如完善的市场机制、司法制度会对市场的运行起到增进的作用，而不完善的制度将会阻碍目标函数的实现。同样，宏观经济的波动也会对映射关系产生影响，如在某些饥荒发生期内，通货膨胀进一步侵蚀了那些贫困者的权利，加重了饥荒的严重程度。第三，目标函数商品的数量大小。资源禀赋能够映射到的目标函数既有量对于经济个体的目标权利具有最直接的影响。目标商品供给数量通过影响市场价格从而改变这种经济个体权利的大小（其前提假设是该经济个体的资源禀赋没有发生变化）。这三个主要因素构成了权利方法，企业融资的权利方法可由以下公式表示：

$$c_k = C(i, p_k, q_k)$$

c_k 为第 k 个企业的金融权利，i 为资本市场的借贷利率，p_k 为企业所拥有的资源禀赋的价格，q_k 为企业所拥有的资源禀赋的数量，$C(\cdot)$ 映射关系，即企业的资源禀赋映射到现金的函数关系。

从权利方法的角度来审视小微企业的融资问题，可以将小微企业融资问题分为三部分，即小微企业所拥有的资产状况和信誉状况（资源禀赋，假定资源禀赋为 E）、融资机制（映射关系）、金融机构或非正规借贷市场资金存量（融资函数映射的目标数量的大小，从理论意义假设这些资金小微企业都是可以获取的，严格讲，货币与其他商品有着很大的不同，在一定时期内，商品量可以是既定的，货币也可以是既定的，但是不存在专门作为小微企业贷款的货币，我们可以假设有这样的变量 M）。这三部分共同构成了小微企业融资的权利。权利方法将全面改变我们对小微企业融资的既有认识。

在国内，小微企业融资研究的文献颇多，这些文献大多关注小微企业融资权利的第一部分 E 和第三部分 M，关注小微企业融资权利的第一部分 E 的文献多数研究发现小微企业自身存在诸多问题，如缺乏抵押资产、缺乏正规财务信息、管理水平低、企业规模小等（周月书、杨军，2009；赵凯，2012；赵鹏，2011）。关注小微企业融资权利的第三部分 M 的文献多数从信贷市场的供给方——商业银行进行探讨，如认为"大型金融机构天生不适合为中小企业服务，应大力发展和完善中小金融机构是解决我国中小企业融资难问题的根本出路"（林毅夫、李永军，2001），"商业银行的经营方式导致小微企业融资困难"（赵锦伟，2008），张杰（2000）则提出"发展民营金融机构来化解小微企业融资难问题"的办法，甚至有的学者提出中小企业利用民间资本是化解融资困境的关键（王滨、高明华，2005）。这些观点与解释饥荒的 FAD 观点极其相似，它们都强调一种物品的缺少导致了经济个体陷入了困境，尽管现有量是一个衡量短缺与否的重要指标。但正如森所证明的，饥荒的发生并不是在粮食大量减少的情况下发生的，小微企业融资困境的发生也极可能不是由贷款量 M 较少而造成的（我国的居民储蓄率远高于世界水平，截至 2010 年我国城乡居民人民币储蓄存款余额达 303302 亿元，且储蓄存款余额逐年增加，这说明资金量是非常充足的，小微企业融资从中获取的贷款量却仅占很少一部分）。根据权利方法，小微企业融资的困难更大可能是由融资映射机制造成的。国外学者则更倾向于从资产结构和信誉上研究小微企业的融资问题，资产结构、利润增长状况是资本结构和融资结构的决定因素（Gavin Cassar、Scott Holmes，2003），小微企业的成长年限也能够成为其融资的重要因素（Zélia Serrasqueiro、Paulo Macas Nunes，2012）。当然，除了以上两种观点，也有从映射机制角度对小微企业融资进行研究的，如提出通过小微企业的供应链（李国青，2010）、结构性贸易（乔欢欢，2011）、中小企业集群（林洲钰、林汉川，2009）来改善或促进小微企业融资。

值得关注的是，抵押是金融机构发放贷款中最常用的方式，抵押作为银行规避风险的手段的观点似乎已经形成了共识。那么，抵押在融资权利中一定是这样的作用吗？有一项研究显示"如果其他银行试图从客户的主要银行争夺客户时，抵押为相互之间竞争的银行创造了一种进入壁垒"（Wim Voordeckers、Tensie Steijvers，2006）。如果抵质押物发挥了验证信用的作用，那么通过信贷模式创新就可以取代抵质押物的信贷模式了，抵押在融资权利中的微妙作用还有待于进一步的深入研究。

另外一些研究则集中于对小微企业融资的权利映射关系上，尽管学者们并没有使用"映射关系"或"映射权利"一词。融资权利的映射关系包含了一国或某一地区的社会、经济制度，这些制度将从宏观上影响该国或该地区银行所拥有的在信贷市场上的力量。有的学者认为只有中小银行等小金融机构才能为小微企业提供好的信贷服务（林毅夫、李永军，2001），但有趣的是，美国的富国银行在资产上作为美国的第四大银行仍然可以非常出色地向小微企业放贷（田志鹏、张欢，2012），并且能够取得非常好的效益。金融机构的多元化是促进竞争的重要因素。通过银行的分权、促进竞争、削弱银行的市场力量，大型的银行机构就可以像小型的金融机构一样进行小微企业放贷，也就是说问题的关键不在于大型金融机构与小型金融机构的区分，而在于金融机构市场力量的削弱能否使信贷市场对小微企业的贷款量达到所想要的均衡结果，反过来说，如果某一地理区域内，一家小型的金融机构掌握了较大的市场力量时，它也可以对小微企业索取较高的贷款价格，因此与其漫无目的的设立小型金融机构，不如促进竞争，削弱金融机构的市场力量（Rodrigo Canales、Ramana Nanba，2012）。

加强竞争，金融自由化、金融机构多元化（何广文，2004）是改进小微企业融资权利映射函数、增进小微企业融资权利的有效途径。但从实际的效果看，由于处于过渡期，中国的金融自由化并没有缓解中小企业的融资约束（Jia Liu、Dong Pang，2009），也即融资权利映射受到债务融资的破产和代理成本的制约，反映出金融环境的过渡期的本质。金融环境的差异将迫使小微企业对于融资方式作出不同选择。在那些制度粗劣的国家，小企业很少使用外部融资，财产权保护的加强将使小微企业比大企业更显著地增加从银行的融资，当大企业与小企业一同受到信贷约束时，大企业比小企业更容易拓展银行融资（Thorsten Beck、Asli Demirguc - Kunt etc，2008）。显然，制度改变了小微企业的融资权利映射关系，进而影响了小微企业的融资权利。同时，由于金融自由化未能加深，缺乏运作良好的证券市场、政府控制银行部门对国有企业过度贷款，发展中国家的小企业不得不选择次优的融资方式（Yoon Je Cho，1986），如果政府能够掌握充足的信息，它就可以改善信贷配给，提高融资效率（Yoon Je Cho，1986）。实际上，信息不对称、逆向选择的长期存在干扰了融资权利的映射机制。基础设施也是融资权利机制发挥作用的关键，在坦桑尼亚，由于银行基础设施和技术的匮乏，导致交易成本高昂、信息不对称，中小企业的违约率大幅升高，进一步破坏了小微企业贷款的可获得性（Atsede Woldie、John Isaac Mwita、Joyce Saidimu，2012）。

（四）总结性评论

在以往的对小微企业研究中，基本都承认了小微企业融资难，并以之为进一步研究的前提条件，却没有回答小微企业融资到底有多难，没有一个确切的衡量标准，这恰是本研究要突破的一个关键点；再者，多数小微企业融资问题的研究，往往只是从某一单方面的影响因素来研究小微企业融资问题，没有从一个整体上把握小微企业融资问题，难以从整体上回答小微企业融资难，进而形成的结论以及政策建议可能导致失衡。而从权利方法出发就能得到一个对小微企业融资问题更加全面的认识，将所有与小微企业融资相关的因素连接起来，使之系统化，这是本书较过去小微企业融资问题有所突破和创新的地方。

当然，解决小微企业融资问题也需要小微企业自身的成长。小微企业的成长、走向成熟需要一段过程，这个过程中，小微企业不断进行自身积累，尤其是小微企业的信息逐渐透明能够提升小微企业贷款的可获得性（Zélia Serrasqueiro、Paulo Macas Nunes，2012）。小微企业的发展有其自身的规律，当企业价值低于企业所在行业中的机会成本时，小微企业就会破产，但是在同样风险水平下，高的管理人力资本（management human capital，MHC）的企业将获得更高的边际利润和增长速度（Robert Cressy，2006）。当小微企业面临风险提高时，融资约束将使小企业花费更长时间进行生产力的有效调整（Ulf Von Kalckreuth，2005），这样，小微企业就会更加脆弱。通过改善金融发展状况，即增进私人信贷和债券市场资本化将提供小企业进入市场以及加强拓展投资的能力（Philippe Aghion、Thibault Fally、Stefano Scarpetta，2007），将改善小微企业融资权利的映射机制。小微企业融资权利的改善，将提高其融资能力，促进其健康、持久的发展。

四　研究目标、研究内容

（一）研究目标

本书将深入研究小微企业融资权利的形成过程、表现、映射机制以及对小微企业融资的影响，深入剖析小微企业融资权利映射的静态和动态运行机制。通过权利方法分析影响小微企业融资的各个重要因素，分析这些因素对小微企业融资产生了怎样的影响，并在此基础上提出相应的政策建议。

本书将回答以下问题：

1. 小微企业的融资权利是什么？权利方法下的小微企业融资可获得性又是怎样的？

2. 权利方法中的各个因素对小微企业融资有怎样的影响？

3. 小微企业融资权利的映射机制是怎么样的？是如何运行的？

4. 如何从权利视角来评价现有的金融体制？如何进行帕累托改进？

5. 信贷政策对小微企业融资的影响是怎样的？是如何影响的？

（二）研究内容

基于以上研究目标，本书的主要研究内容包括以下几部分：

第一部分：构建总体分析框架及理论基础。

这一部分内容主要构建论文的研究框架及论文的理论基础。首先，介绍论文的研究背景和研究意义；其次，对本研究涉及的相关理论和已有文献进行综述，对前人的研究成果进行评价，提出运用阿玛蒂亚·森的权利方法对小微企业融资的观点，并论证其适用性；最后，明确论文的研究目标、研究思路、研究内容和研究方法。

第二部分：从权利理论分析小微企业融资可获得性。

这一部分主要通过权利方法分析小微企业融资问题，从权利角度重新认识小微企业融资问题，界定小微企业融资权利和小微企业融资可获得性，进而从权利方法剖析小微企业融资难的问题，给出小微企业融资权利的内涵和主要内容。分析这些小微企业融资权利的主要因素对小微企业融资的影响机制。在森的权利方法的基础上，提出了小微企业融资权利的主要内容为资源禀赋、权利映射系统和货币资源，小微企业融资权利受到自身资源禀赋、权利映射系统和货币资源的影响。在小微企业的资源禀赋中又可以分为有形资源禀赋、生产经营能力和技术要素，资源禀赋对小微企业融资的主要影响机制在于使放贷者产生偿还的预期。权利映射机制处于小微企业融资权利的核心位置，权利映射机制对小微企业融资具有决定性的影响，通过构造小微企业融资权利映射系统的模型来详细阐述映射函数的运行机制。映射系统是一个较为复杂的系统，它包含了制度、利率、机构、信息等因素，它在金融市场上发挥的作用类似于一个水闸的作用，它能够调节资金的流量、速度甚或流向。权利映射系统所处的不同阶段，系统弹性不同，优化程度也不同，导致了小微企业融资缺口的问题，从而影响到小微企业的融资可获得性。这里还充分阐述了权利映射系统的微观信息生产机制及其对金融机构的意义。货币资源对小微企业融资的影响机制则主要在于小微企业信贷市场的微观基础，以及信贷资源的分配，这两者导致了货币资源难以通过货币量影响小微企业融资可获得性，小微企业信贷市场的这种结构最终影响了小微企业的融资权利。

第三部分：实证分析小微企业资源禀赋对小微企业融资的影响。

小微企业掌握了一定的资源禀赋，对应森对饥荒问题的研究中个人拥有的资源禀赋，小微企业通过一定的资源禀赋获取融资，这些资源禀赋对融资所起的作用是不同的。有的资源禀赋发挥了直接融资的作用，比如土地可以作为直接的抵质押物起到融资作用；有的资源禀赋则起到了间接融资的作用，比如企业的生产状态。在这一部分里，本书将小微企业资源禀赋分为四种进行研究：固定资产因素、流动资产因素、生产经营能力和技术。研究每一种因素对小微企业融资的影响、作用，测定其对小微企业融资的影响大小，从而发现哪一种资源禀赋在小微企业融资中发挥了多大作用，发挥了怎样的作用，可以深入地看出小微企业融资的难度，客观反映出小微企业所处的信贷环境如何。

第四部分：分析小微企业融资权利映射系统变迁对小微企业融资的影响。

权利映射系统变迁的研究在国家政策主导金融市场的发展中国家意义重大，它将诠释政府在经济发展中的作用。政府通过消除对小微企业的歧视、推动金融机构多元化、金融机构向小微企业供给融资能力的创新提高以及贷款利率自由化推动小微企业融资权利映射系统的变迁。这一系列政策逐渐形成了新的制度，推动小微企业融资权利映射系统优化，同时贷款利率自由化则进一步释放了小微企业信贷市场的市场机制，市场正在发挥作用，消除长期的贷款利率管制导致的市场扭曲，改善了小微企业融资权利，对小微企业融资具有很重要的意义。这暗含了经济个体权利的赋予与公正将会对一国经济发展产生重要影响，政府的真正作用在于构建一个有效市场。这首先从宏观层面分析权利映射系统变迁、贷款利率自由化对小微企业融资的影响；然后从微观层面，比较分析了不同机构围绕信息生产的放贷过程，以及对小微企业融资的影响和绩效；最后总结商业银行对小微企业融资的供给路径，对金融机构改善小微企业融资供给起到借鉴意义。

第五部分：实证分析货币资源对小微企业融资的影响。

这一部分主要从货币资源角度分析小微企业融资。通过使用小企业负债结构数据可以发现小微企业融资权利的变化，分析当经济发生变动时，小微企业融资权利会发生什么样的变动，这里主要试图解释"高利贷"、"集资案"、"小企业倒闭潮"是如何产生的，以及它们存在的危害是什么。而信贷资源在期限上的分配又导致了小微企业在融资量上的差异，通过获取分省的重要的宏观经济和小微企业数据（统计年鉴），形成面板数据，并建立计量模型，分析不同期限的信贷资源及信贷政策变动会对小微企业融资产生怎样的影响，证明了怎样的信贷政策能够对改善小微企业融资权利发挥有效作用，并提出相应的信贷政策建议。

第六部分：结论及政策含义。

对以上研究成果进行总结，对研究成果进行总的概括，并给出相应的政策含义。

五　研究技术路线及可能的创新

（一）技术路线

根据本书内容和框架画出本研究的技术路线图（如图 1-5 所示）。

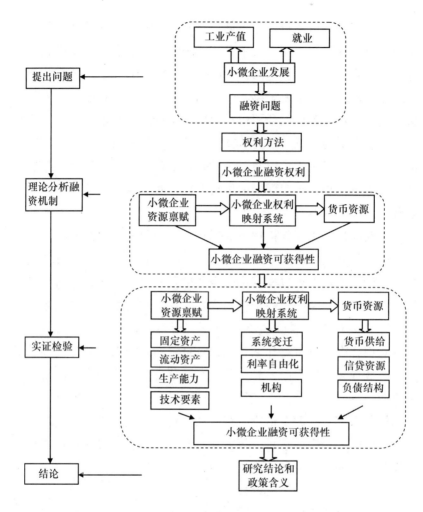

图 1 - 5　技术路线

（二）本研究的创新

　　本研究将阿玛蒂亚·森的权利方法引入融资分析，利用权利理论对小微企业融资理论进行重新梳理，使融资理论系统化。权利理论能够全面而且详细地描述小微企业融资的静态和动态过程，通过权利方法深入分析小微企业融资权利的各个因素在小微企业融资中的作用困境，使小微企业融资政策的制定有所依循。因此，本书的创新点主要有以下三点：

1. 首次将权利方法引入小微企业融资分析，能够对其他弱势群体，比如农户融资研究起到借鉴意义。

2. 本研究拓展了阿玛蒂亚·森的权利理论，将权利方法引入金融领域的研究。

3. 拓展了改善小微企业融资研究的思路，深入分析了小微企业融资的映射过程，阐述了映射机制，使小微企业融资问题的研究更加全面、系统化，由此产生的政策含义趋于稳健和更富操作性。

第二章 小微企业融资可获得性的 权利理论分析

一 小微企业融资权利、可获得性的定义

为社会公众、学术界所讨论的"小微企业融资难"包含了多重含义；第一点，它是一种直观感受，非常明确地表达了很多小微企业没有得到其所需求的融资量，这一点是确定无疑的，但是它只是一个定性的概念，无法从量上回答小微企业融资到底"有多难"，也无法辨析哪些小微企业融资会比较困难；第二点，小微企业从商业银行等正规金融机构获取贷款非常困难，融资渠道非常狭窄，除了非正规融资，缺乏其他融资途径，这一点不易被察觉；"小微企业融资难"暗含了一种"抱怨"，表达了其从正规融资途径获取融资的强烈意愿；第三点，"小微企业融资难"表达了小微企业一种对较低融资成本的诉求。在第二点中，小微企业抱怨从银行融资难实质是抱怨非正规融资途径或高利贷的较高成本。小微企业融资难在融资需求没有得到满足，这种未满足的状况又有这几种情况：部分小微企业得到部分所需融资、部分小微企业融资需求从未得到满足，部分小微企业得到全部所需融资，在得到部分所需融资的小微企业和得到全部所需融资的小微企业中，其融资来源有的全部来自正规融资途径，有的则部分来自正规融资途径，这是小微企业融资难的复杂性所在。

因此，小微企业融资难的问题是指一些小微企业未得到足够的融资，而非现实世界中不存在足够的融资。小微企业融资的可获得

性是指小微企业从现实世界中获取融资的可能性。从以上分析的情况来看，小微企业融资可获得性应该包括如下内容：小微企业获得所需全部融资的可能性、小微企业获得正规融资途径的可能性、小微企业获得非正规融资途径的可能性，我们最为重视的是这种可能性，而非小微企业能够获得融资而拒绝获得融资导致的融资问题。这种可能性在实际中反映为小微企业的融资量以及融资渠道选择的概率，也就是说，无法通过捕捉现实中所有的变量来反映这种可能性而直接研究小微企业融资可获得性，因此，只能通过小微企业的融资量来研究小微企业融资可获得性。本质上，小微企业融资问题的陈述是指小微企业与融资或货币资源之间的关系，小微企业融资问题是与小微企业资产、负债结构相关，小微企业资产中有些会与融资存在强烈关系，有些融资作用则较小，负债结构则反映出小微企业的融资状态。

　　小微企业融资权利是指小微企业以其资源禀赋能够获取的货币资源的量以及可能性，以同样的货币资源获得了不同量的货币资源则融资权利不同，并且小微企业获取同量货币资源时的可能性不同则其融资权利不同，可能性是一种概率，概率越大，则融资权利越大，有些资源禀赋能够带来较大的货币资源量以及较大的获得货币资源的概率，有些则相反。当法律体系或金融系统禁止小微企业通过其某种特定资源禀赋获取融资，而小微企业只有这种资源禀赋时，就会产生小微企业融资权利失败——不同程度的融资权利失败或完全失败；当法律体系允许小微企业以其自身信用而非其他可见的资产获取资产时，小微企业就可以通过部分信用获取部分融资，小微企业甚至可以完全以其信用获取全部融资，但在"非法集资"、"高利贷"的禁令下，就会导致小微企业融资权利不同程度的失败。

　　有必要指出，权利方法（Entitlement Approach）并不是真正的一种"方法"（Method），权利方法更确切地说是一种"分析观"。权利方法重视的是经济主体获取某种资源的能力或可能性，森在《贫困与饥荒》中给出了权利的两个要素：资源禀赋（endowment）

和交换权利映射（为个人的每一资源禀赋组合规定他可以支配的商品组合集合的函数），森没有加入映射目标的商品量作为权利的一部分，这是本书研究与森的权利方法不同的地方。在某个特定的社会中，这个社会形成的一系列规范、制度、法律体系以及与获取该资源相关的非正规制度构成了权利映射函数。映射函数不仅指市场经济条件下的交换机制，还包括了各种分配制度，这在小微企业融资问题上则反映为政府安排的某种信贷补贴机制、信贷配给政策。小微企业融资问题既可以通过信贷市场自发条件来分配融资，也可以通过行政命令来干涉金融机构对小微企业分配信贷。

森的权利方法揭示了一种资源禀赋到另一种资源禀赋的转化程度差异导致了某种权利的差异，这个过程是一个资源交换的过程，它通常假定了这种市场的存在，当然也存在其他机制，通过市场机制，需求者可以将一种资源禀赋交换为另一种资源禀赋，在森所分析的食物的情境中则是资源禀赋的所有者将其拥有的资源禀赋交换为食物，当交换成功时，就获得食物；当失败时，就无法获得食物，称之为"权利失败"，并产生饥饿问题。若小微企业以资源禀赋转化货币资源失败，则引起其融资权利失败，产生小微企业融资问题。

实际上，在森对饥荒问题的分析中，看重了权利映射机制，映射机制处于分析的核心位置，森使用饥荒年份的关于食物储量、价格以及劳动力价格的统计数据，竭力证明了"权利失败"导致了饥饿。森指出了饥饿和饥荒的显著差别，饥饿是对于个体而言，饥荒则是大规模饥饿引发的社会动荡现象，饥荒也往往伴随着可怕的暴力现象，如在非洲发生的严重饥荒（Alex de Waal，1990）。

在森的权利方法视角下，小微企业融资行为也是一种资源禀赋交换的过程，一个区别在于小微企业融资的目标是货币资源，主体由个人换成企业，企业行为要比个人行为复杂一些，当然，简化来看，最大的特征在于企业是具有一个生产过程的，尽管小微企业在规模上并不大，小微企业本质上仍然是厂商，小微企业的资源禀赋集合并不是单纯拥有的资源禀赋，而是含有了其生产能力、产出等多方面因素，这些因素共同构成了小微企业的资源禀赋集合。在信贷市场中，小微企业要将这些资源禀赋转化为货币资源，这里与森的权利方法在食物交换中的另一个区别在于，货币资源进入生产过程之后，小微企业完成生产过程，产品进入市场销售，换成货币资源，货币资源再回到放贷者。当然，这里需要注意的是，促使小微企业产生融资需求的原因并不只是生产资金的投入，资金周转也是重要的一方面。但深入来看，多数小微企业会通过借贷提前归还银行借款，完成过桥任务后，银行再将贷款发放给小微企业，进一步投入生产，实质上，过桥资金间接地发挥了生产资金的作用。

在小微企业融资的过程中，相对应的权利映射也是很重要的一个因素。小微企业要通过权利映射将资源禀赋转换为货币资源，这个权利映射系统决定了小微企业能将多少资源禀赋转化为多少货币资源。权利映射系统的概念要比市场概念更广一些，权利映射系统包含了市场，但是权利映射系统也包含了其他的非市场机制，它们共同影响了小微企业融资的难易度、可获得性。因此，为了表述的完整性和方便，本书将用权利映射系统来代替权利映射函数这一概念。如果小微企业不能将资源禀赋转化为所需要的资金量，小微企业便会发生资金短缺。

最后一个重要的因素是映射目标资源的数量。这个角度在森对饥荒的研究中出现过，当时是在讨论某一地区粮食的供给量和储存量，以此对 FAD 观点进行反驳，森没有明确提出粮食的供给量是否属于权利的一部分，有人认为权利理论包含了 FAD（Osmani，1993），即目标资源也是权利的一部分。实际上，森的权利方法缺乏了一个重要因素，那就是信贷资源。信贷资源可以是银行机构的存款（假设不存在任何监管，银行可以自由放贷），也可以是家庭的手存现金，也可以是其他金融机构的货币资源。这些是小微企业实际经营中都可以接触到的，因此，包含信贷资源的权利方法更加完善。

为了保证研究的完整性，本书将目标资源纳入。相应的，在小微企业融资的研究中，目标资源是货币，货币资源的数量对小微企业融资量可能会存在某种不确定性的影响，这与饥荒研究中的结论可能存在差异，货币资源量的多少会影响放贷者的放贷决策，尤其是银行系统，当央行实施趋紧的货币政策时，商业银行会产生"惜贷"的现象，小微企业融资就会比较困难；当实施相反的货币政策时，情况可能相反。

这三种因素共同构成了小微企业的融资权利。通过权利映射系统，小微企业融资会达到一种均衡状态，均衡的水平决定了小微企业融资量的多少，同时，这种均衡可能存在一些性质，这些性质将会影响小微企业融资的可获得性以及变化方向，这些都是以下的研究中将进一步探讨的内容。

因此，本书将主要通过分析三个因素对小微企业融资可获得性进行研究：资源禀赋、权利映射系统和货币资源，这三个因素是小微企业融资权利的重要内容，其对小微企业融资可获得性的影响程度可能存在一定的差异。以下简述各个因素对小微企业融资可获得性的影响机制。

二　权利方法对小微企业融资难的理解

阿玛蒂亚·森以其对饥荒产生原因的分析而称著于世，他的权利方法几乎颠覆了传统的对饥荒解释的观点——FAD（Food Availability Decline），进一步深化了人类对饥荒问题的认识。森将权利定义为："假设 E_i 代表一个社会中第 i 个人的权利集合，在待定的情况下，这一权利集合就是可供选择的商品组合所构成的集合，其中的每一个商品组合都是这个人可以拥有的"；权利的要素为："在一个私有制经济中，在存在着交换（与其他人的交换）和生产（与自然的交换）的情况下，E_i 取决于两个参数，即个人的资源禀赋（endowment）（所有权组合）和交换权利映射（为个人的每一资源禀赋组合规定他可以支配的商品组合集合的函数）"，交换权利映射可简称为"E－映射"。

权利方法在小微企业融资的情境中则是小微企业利用其资源禀

赋交换或获取融资（货币），小微企业的融资权利 E_i 则是第 i 个小微企业的资源禀赋和可供选择的融资，小微企业融资则取决于企业的资源禀赋和交换权利映射，即企业可以通过自有资源禀赋获取融资的函数。这个函数是复杂的，是一个复杂的系统，影响小微企业的融资量，忽视这一点试图增加小微企业融资量的政策可能是无效的。

这样，权利方法就给出了考察小微企业融资可获得性更全面的思路，在这个思路下，小微企业融资的可获得性就变成了一个内生变量，它不再是简单的小微企业融资量、满足程度以及融资途径的问题，这个变量要涵盖小微企业融资的各个影响因素，是各因素的综合体现。即在现有的经济条件下（资源禀赋、融资权利映射、信贷资源都给定），小微企业融资可获得性或难度是多大，这需要精确的数值来表达这个变量。由于小微企业融资的权利映射函数是相当复杂的，是难以量化的，但是小微企业融资的可获得性却是融资权利映射的结果，假设经过测算后得出能用来表示小微企业融资可获得性的量值，那么这个量值也就包含了权利映射对小微企业融资难易度的影响，同时也能给出对小微企业融资能力的准确评价，而不再是简单地小微企业融资难度的定性判断。

三　小微企业资源禀赋对融资可获得性的影响机制

小微企业资源禀赋是多种形式的，不同企业的资源禀赋特征差异较大，比如很多微型企业接近于个体工商户，其劳动力和企业家才能都以家庭的组织形式存在，有的小企业以技术为主的话，其主要资源禀赋就是技术或者专利。大致上，小微企业的资源禀赋可分为固定资产、流动资产、技术专利权等。尽管在小企业中，尤其是制造业企业，劳动力投入较大，但是出于伦理考虑，劳动力不能视作小微企业的资源禀赋，并且在融资过程中，金融机构也不会通过考察企业劳动力人数来确定融资额度，无论是理论还是现实经验，劳动力都不会是影响小微企业融资可获得性的重要资源禀赋。

在图2-1中完整地展示了本书研究小微企业资源禀赋对融资可获得性的分析框架，小微企业的资源禀赋主要有四种：固定资产、流动资产、生产经营能力和技术。

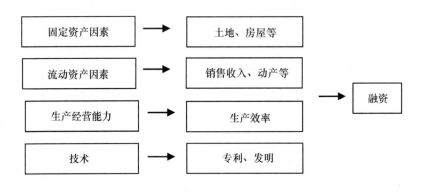

图2-1　小微企业资源禀赋引致融资

（一）有形资源禀赋对小微企业融资可获得性的影响机制

这里，固定资产、流动资产、资本等因素被统称为有形资源禀赋。相对于无形的技术、生产经营能力、信用等，有形资源禀赋能够提供给放贷者直接的信息。固定资产因素一般指小微企业所拥有的土地、房屋等，土地、房产变现能力较强，金融机构一般比较重视；流动资产包括销售收入、动产等，这些资源禀赋能够显示小微企业的现金流状况，现金流状况进一步反映了小微企业的偿债能力，为放贷者提供一种稳定的偿债预期。这种预期是有形资源禀赋影响融资可获得性的基本机制，较为简单且直接。因此，由于其简单、直接，在放贷过程中，放贷人的放贷成本较低，尤其是固定资产因素在传统的"抵质押物"融资模式中占有重要位置，这也是这种融资模式普遍的根本原因。

由于有形资源禀赋更能够带给放贷者"安全感"，在向小微企业发放贷款时，传统的"抵质押物"贷款模式仍为商业银行等正规金融机构所采用。然而小微企业资源禀赋集合在固定资产，尤其是土地方面具有"先天"的弱势和不足，这种传统贷款模式的存在影响了小微企业融资权利，降低了小微企业融资可获得性。

（二）生产经营能力对小微企业融资可获得性的影响机制

从一种资源禀赋到另一种资源禀赋的过程是一个交换过程，这在古典经济学家的著作里经常被论及，一般讨论的是从物物交换的经济情景到依靠货币进行交易的过程，随着经济学理论的不断发展、进步，这一过程被新古典经济学家总结为一般均衡。Walras（2011）最早将之总结为经济均衡理论，Walras 的一般均衡理论后由 Arrow 和 Debreu 进行公理化证明，给出了 Walras 一般经济均衡存在的严格的数学证明，并形成 Walras – Arrow – Debreu 一般均衡模型（杨辉耀，1994）。而在阿玛蒂亚·森的权利方法中，这种交换的均衡结果被森定义为交换权利 E_i（exchange entitlement），交换权利取决于个人的资源禀赋和交换权利映射，交换权利映射"为个人的每一资源禀赋组合规定他可以支配的商品组合集合的函数"，森（2009）指出："交换权利就是传统的'预算集'。"

森的权利方法反映在小微企业融资中就变成小微企业利用企业自有资源禀赋去获取融资的能力。森的权利方法关注到了在一个可以交换的市场经济条件下经济主体利用资源禀赋获取另一种物品的总体情况。但是当经济主体存在差异时，交换的结果——利用资源禀赋获取另一种物品的量是不同的，最大的差异表现在经济主体是否具有自我生产的功能，也就是说经济主体利用自有资源禀赋生产出一种产品，经济主体最终拿这种产品去交换其他资源。这是企业和劳动力最显著差别的地方，因为劳动力是直接通过劳动力交换所需物品，但经济主体总有一个生产过程，其中，货币始终作为交换的媒介存在。

小微企业尽管在规模上与大中型企业有显著差距，但也同样存在生产过程，生产效率是生产过程的效果，从规模和技术两个角度来看，小微企业利用资源禀赋进行生产的效果可以分为规模效率和技术效率。这两种效率是小微企业最为主要的生产效率，分别给出小微企业在规模和总体管理技术上的优化程度。

因此,"小微企业生产效率对融资可获得性的影响"要回答的问题是经济个体如何使用资源禀赋、使用到什么程度对它引致另一种资源——货币的影响,森的权利方法提出了一种资源禀赋可以使禀赋拥有者利用这些资源禀赋获取另一种物品,但这是在不考虑生产、简单交易的情况下的经济行为。在生产的情况下,尤其是在货币为交易媒介的经济中,如何使用这些资源禀赋生产、使用到何种程度从而引致货币资源就更重要了,因为在货币为交易媒介的经济中,货币是经济体需要的最关键资源。这是比森的权利方法更为深入的地方。

放贷者向第 i 家小微企业借贷数额是由其预期函数 $C_{i,k} = E_{i,k}(PTE, SE)$ 决定的,其中 $C_{i,k}$ 为第 k 个放贷者向第 i 家小微企业的放贷数额,$E_{i,k}^{(\ )}$ 为第 k 个放贷者对第 i 家小微企业的预期函数,PTE 表示该小微企业的技术效率,SE 表示小微企业的规模效率,PTE 反映了小微企业在企业主才能、管理、制度、协调生产等方面的综合信息,SE 包含了资产质量、资产数量以及生产规模等方面的综合信息,表示了小微企业在规模上的优化程度。预期函数假定放贷者可以通过观察、分析等手段来获取关于小微企业 PTE 和 SE 的信息,通过 PTE 和 SE 的数据形成预期放贷量。那么第 i 家小微企业的总融资量为 $\sum_{k=1}^{n} C_{i,k}$。

其中,$\dfrac{\delta C_{i,k}}{\delta PTE}$、$\dfrac{\delta C_{i,k}}{\delta SE}$ 为第 i 家小微企业技术效率和规模效率对第 k 个放贷者放贷量的影响,如果 $\dfrac{\delta C_{i,k}}{\delta PTE} > \dfrac{\delta C_{i,k}}{\delta SE}$,$i = 1,2,3,\cdots,n$,则第 k 个放贷者为技术偏好的放贷机构,放贷者更倾向于向技术效率高的小微企业放贷;如果 $\dfrac{\delta C_{i,k}}{\delta PTE} < \dfrac{\delta C_{i,k}}{\delta SE}$,$i = 1,2,3,\cdots,n$,则第 k 个放贷者为规模偏好的放贷机构,放贷者更倾向于向资产质量好、规模较大的小微企业发放贷款。$\dfrac{\delta \sum_{k=1}^{n} C_{i,k}}{\delta PTE}$、$\dfrac{\delta \sum_{k=1}^{n} C_{i,k}}{\delta SE}$ 分别为第 i 家小微企

业技术效率和规模效率对其融资可获得性的影响，当 $\dfrac{\delta C_{i,k}}{\delta \text{PTE}} > \dfrac{\delta C_{i,k}}{\delta \text{SE}}$ 时，$i = 1,2,3,\cdots,n$，$k = 1,2,3,\cdots,n$，金融系统整体倾向于向技术效率高的企业融资，放贷者或金融机构风险规避偏好较小，技术效率高的小微企业更容易得到融资，此时的经济可能处于繁荣阶段，经济增长迅速，新技术不断涌现且被投入生产，市场充满乐观情绪。当 $\dfrac{\delta C_{i,k}}{\delta \text{PTE}} < \dfrac{\delta C_{i,k}}{\delta \text{SE}}$ 时，$i = 1,2,3,\cdots,n$，$k = 1,2,3,\cdots,n$，金融系统整体倾向于向资产质量高、规模较大的小微企业放贷，金融系统风险偏好得到加强，这时的经济可能处于短期或长期衰退中，经济增长乏力，企业技术创新有限，市场悲观情绪占据主导地位。同时，这两种情况还分别标志了金融市场发育的程度，在金融市场发育程度高、金融深化的经济体，因为在金融发育程度高的经济体，金融系统应对风险更加富有弹性，风险控制能力强，因此，在金融发育程度高的经济体，第一种情况是主要的，反之则为第二种情况。

　　以上的分析表明，企业生产效率对其融资可获得性的影响既来自于外部金融系统，又来自于企业自身的效率，外部金融系统的偏好决定了哪一类型的企业获得更多的融资，而企业自身的发展方式或策略也决定了企业是否容易获得融资，因此，小微企业融资可获得性内外因素综合影响产生的结果。

　　生产经营能力是小微企业经营的核心内容，这一部分容易被忽视，生产经营能力的高低直接影响企业运用资源禀赋进行生产的状况，与流动资产因素一样，生产经营能力同样可以带给借贷者偿债预期，对融资具有一定的影响，生产的优化程度可以使用生产效率来表示，通过测算生产效率可以显示小微企业生产经营能力的强弱，并且可以进一步测算生产效率对融资可获得性的影响程度，即可以为企业带来多大程度的融资。实际上，生产经营能力包含了更多关于企业稳健经营的信息，如企业主的诚信，很难相信一家生产经营能力较差、低效的企业能够提供多少信用担保，随着信贷技术的创新，这一方面将会受到越来越多的重视。

（三）技术要素对小微企业融资可获得性的影响机制

技术、产权专利等技术要素并不是在所有小微企业资源禀赋中都是主要资源禀赋，技术要素只能在那些科技型小微企业中占有主要位置，因此，技术要素只对科技型小微企业融资具有较大意义。但是随着小微企业开始重视技术研发、更新，那么技术要素会在越来越多的小微企业资源禀赋中占有重要位置。

技术要素不同于其他资源禀赋，技术要素对小微企业融资可获得性的影响机制同样在于预期，但是技术要素具有它自身的独特性，一项技术的研发投入往往成本较高，存在一定的市场风险，收益预期具有不确定性，这对于一般放贷者来说，往往是难以接受的。但是放贷者对一项技术的评估以及收益预期因其所掌握的信息而异，有些放贷者掌握较少或者难以掌握信息，因而拒绝发放贷款，而有些放贷者会对某项技术特别了解，其预期也往往比较准确，如果收益预期高就会发放贷款。这种信息差异造成了预期差异，进而使得科技型小微企业融资结构也产生了较大的差异，小微企业可能会从某些途径获得较多的融资，而某些途径获得较少或者难以获得融资，小微企业技术要素对其融资可获得性的影响则反映了外部信贷环境的优良程度。在一个相对较优的信贷环境中，科技型小微企业可以依靠技术要素从多个途径获取融资，融资权利失败的情况较少，融资可获得性也较高。

本书将考察技术因素对小微企业融资的影响，将专利产权、发明等界定为技术因素，通过考察技术因素资源禀赋对小微企业融资量的影响来研究技术因素对小微企业融资可获得性的影响，即技术因素能够在小微企业融资中发挥多大作用。技术因素对融资作用的大小可以反映出金融系统对企业技术的预期，预期越好则小微企业融资可获得性越高，小微企业就可以有更多途径从金融系统获得融资。

将生产经营能力与技术纳入小微企业融资权利的考察范围，是为了考察这些无形资产对小微企业融资产生了怎样的影响，也就是说小微企业可以不通过有形资产，而是借助无形资产来获取融资的可能性，如果这种可能性存在并被加以证实，将意味着不但从理论上来说小微企业通过无形资产获取融资的信贷市场是存在的，而且实际情况也是存在的。这对小微企业融资权利具有重要意义，这种市场的存在意味着小微企业融资途径的多元化，小微企业融资的可获得性较高，小微企业可以通过多种途径获取融资，而不一定要受一种或几种融资途径限制。而通过模型回归实证的这种市场的存在程度则说明了这种市场的发育程度，显示了小微企业信贷市场的潜力所在。

四 权利映射系统对小微企业融资可获得性的影响机制

在森的权利方法中，权利映射是资源禀赋交换的重要机制，实际上，森的权利映射机制假设了市场运行机制的存在，资源禀赋在市场中进行交换，价格发挥交换的核心作用。小微企业的融资过程是相对复杂的，并且是资源禀赋到货币资源，这是显著差异的地方，小微企业融资的映射机制要更加复杂，因此以权利映射系统来表达更为全面。从小微企业的融资行为来看，小微企业的融资来源一般可分为正规金融机构和民间金融（或非正规金融，鉴于其内涵差别不大，不作严格区分），两者都是小微企业融资时诉求的对象，但并不是全部的权利映射系统。制度①是使这个权利映射系统运行的重要力量，有些学者将制度定义为"一组正式和非正式的规则，以及规则的执行安排"（Schmoller，1900）。在本书中，由于非正式规则或制度具有很大的复杂性，因此，非正式规则或制度不予以考察，主要考察正规制度，界定正规制度为制度变量，制度"界定了

---

① 这里的制度界定为与金融体系相关的一切法律、政策所构成的完整体系，制度的供给者为国家，而需求者或被施加者为正规金融机构，如一系列的监管制度、货币政策等。

社会、尤其是经济的激励结构"（North，1994）——制度引致的权利映射系统。制度对正规金融机构具有最直接的影响，对民间金融具有间接影响，至于影响大小是不好估算的①。如果将信贷市场划分开来，正规金融机构的信贷市场与非正规金融市场可能存在很大差异，制度对民间金融的影响取决于两者之间的关系（互补或相互替代），因此，正规金融机构与民间金融存在一个市场上的连接，这将构成权利映射系统分析的一个重要方面。在本书中，制度被视作影响权利映射系统的根本变量。一些对权利映射系统的干扰不纳入考察范围。

制度、正规金融机构、民间金融市场共同构成了小微企业融资的权利映射系统，共同构成了小微企业的信贷市场，而利率，即信贷市场的价格，是权利映射系统的内生变量。在假设小微企业难以从正规金融机构融资，而更多从民间金融市场融资的前提下，民间金融借贷的利率能够在一定程度上反映小微企业融资的难易度，这一判断基于这样一种思想，小微企业从正规金融机构越困难，就必须支付民间金融更高的利率，借贷利率的高低能够反映权利映射系统对小微企业融资可获得性，是考察权利映射系统的一个重要内容。

制度是推动正规金融机构和民间金融市场变化的根本性力量，但制度对小微企业融资可获得性的影响不容易被观测到，只能寻找一些代理变量来代替。同时，正规金融机构与民间金融市场的互动关系也是权利映射系统重要的一部分，它将提示决策者如何通过影响正规金融机构来影响民间金融市场，进而改善小微企业融资困境。小微企业权利映射系统的改进历史也是重要的研究内容，正规金融机构与非正规金融机构对小微企业信贷供给的方式、产品和流程是权利映射系统的微观基础，考察其差异性及其差异原因，比较其服务效率，并且将进一步分析或预测权利映射系统的重大变

---

① 因为上面已经将制度的被施加者界定为正规金融机构，制度对民间金融发挥作用只能通过影响正规金融机构来达到，但是随着 2013 年 3 月温州金融改革试验区的设立，诸多民间金融监管制度的建立，制度对民间金融将发挥直接作用。

化——贷款利率自由化对小微企业融资可获得性的影响。

（一）小微企业融资权利映射系统的映射机制

本书已经定义了制度、正规金融机构和民间金融共同构成了小微企业融资的权利映射系统，在图 2-2 中，令横轴 OX 为小微企业资源自有资源禀赋，纵轴 OY 为货币资源，曲线 AE 为权利映射系统，曲线 AE 的经济学含义是小微企业资源禀赋与以其资源禀赋可交换得到的货币资源的集合，如曲线 AE 上的 M 点，表示小微企业以 X_1 的资源禀赋可以得到的货币资源是 Y_1，A 不在原点，其经济学含义是指小微企业拥有一定量的货币资源，一般表现形式为现金储备或注册资本，即使小微企业没有利用资源禀赋获取货币资源的时候也拥有一定的货币资源，但是货币资源量较小。当然，A 点也可以理解为在权利映射系统下，小微企业即使不以任何资源禀赋而是以其信用作为担保也可以获得一定量的货币资源，当然这两种情况的差别取决于权利映射系统是否将信用看作一种资源。如果信用是资源，则 OA 为小微企业的信用贷款量，即在这种权利映射系统的状态下，小微企业总共可以获取得到的信用贷款量；如果信用不是资源，那么 OA 为小微企业的自有资金量。

需要注意的是我们假设了权利映射系统是凹的，令权利映射系统的函数为 $y = y(x)$，假设在曲线 AE 上有两点分别为 (x_1, y_1) 和 (x_2, y_2)，则有 $y\left(\dfrac{x_1 + x_2}{2}\right) > \dfrac{y(x_1) + y(x_2)}{2}$，且小微企业资源禀赋获得货币资源是边际递减的，$y'' \leqslant 0$，因为其边际递减效应，小微企业并不能投入所有资源以换取货币，资源禀赋成本是逐渐提高的。造成权利映射系统为凹的特征的重要原因就是借贷者对风险的厌恶，整个权利映射系统的风险厌恶程度越高，则 y'' 的绝对值越大，即小微企业利用资源禀赋获取货币资源的边际递减就越快。如果以曲线 AE 上的点 (x, y) 弹性 $\varepsilon = \dfrac{\mathrm{d}y}{\mathrm{d}x} \dfrac{x}{y}$ 来描述，C 经历了富有弹性到缺乏弹性的下降过程，在 M 点之后，AE 逐渐变为直线，无限

接近于 CG，表示小微企业在权利映射系统 AE 状态下，最大融资量为 C 只能无限接近于 CG，而当小微企业所需要的融资量为 DH 时，$CG < DH$，这就形成了小微企业的融资缺口（Financial Gap）（OECD，2006），小微企业融资需求得不到满足，陷入融资困境。

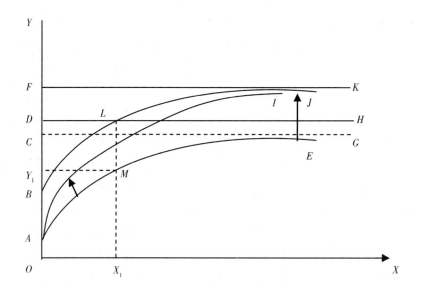

图2-2 小微企业融资权利映射机制

为改变小微企业融资缺口，决策者可以推出新的制度改变权利映射系统。通常有两种方式，一种方式是改变权利映射系统上每点的曲率（$AE \rightarrow AI$），从制度到系统性的改变正规金融机构以及民间金融市场。第二种方式就是将权利映射系统整体向上推动（$AE \rightarrow BJ$），这种方式既可以通过强行的行政命令达到，也可以通过货币增发的政策达到，能在短时间内推高小微企业融资量，但长期看可能会存在各种危害，比如通货膨胀，但不考虑这种情形。这两种方式的结果都是提高了小微企业融资可获得性，这两种情形的经济效率比较则更加复杂。这两种情形的结果是都与融资需求线 DH 相交了，并无限接近于 FK。假设权利映射系统移动到 BJ，与满足融资

需求曲线 *DH* 相交于 *L* 点，则资源禀赋在 X_1 以上的小微企业融资可以得到满足，但是资源禀赋在 X_1 以下的小微企业融资需求仍然无法得到满足，这时，一些小微企业被排除在外，小微企业信贷市场得到出清。

小微企业融资权利映射系统向上的倾斜度与金融抑制存在着重要关联。金融抑制的程度影响了权利映射系统向上的倾斜度，金融抑制程度越高，则权利映射系统就向下，则权利映射系统 ε 衰减就越快。如 *AE* 和 *AI* 差异的含义是在几乎同样的外在环境下，小微企业通过 *AI* 可以获得更多的融资，同时，ε 的下降速度也没有那么快，要比 *AE* 低很多，也就是说，小微企业的资源禀赋在信贷市场上更"值钱"、更有价值，不容易贬值，小微企业融资也更富于灵活性，小微企业融资可获得性就越大。

(二) 权利映射系统各部门的性质

1. 制度

为便于讨论，这里将现实中复杂的情景进行大量简化。假设经济体存在一个金融制度供给者或决策者，这个决策者具有绝对的权威，这个决策者具备完全的"公心"，即它的效用函数是整个社会的效用函数 $U(\cdot)$，它的效用与整个社会的效用是完全重合的，且假设效用函数 $U(\cdot)$ 为凹，金融制度的供给或制定都完全从整个社会的效用最大化目标出发。这里需要指出的是，决策者是中央银行与政府的综合体，它直接影响货币市场，直接干预金融体系，对整个金融体系进行管理，具有完全的决定权，决策者以社会效用最大化为目标供给金融制度 x，界定金融制度 x 为向小微企业融资或提高小微企业融资可获得性的一切政策、制度等，这些制度决定或影响权利映射系统向小微企业的融资供给量。

金融制度 x 主要包含了两个方面的内容，一个是直接的货币供给与分配，即决策者对正规金融部门进行货币供给，由于决策者是中央银行与政府的综合体，因此决策者也可以直接通过财政手段对小微企业供给一定量的货币资金，这对应于现实中的情况是以财政资金的形式对小微企业进行信贷补贴；金融制度 x 的另一个重要内容是金融市场的管理，决策者对金融市场的主要管理手段是机构存量的增减，通过发放金融牌照来进行管理，这里假设了决策者是个严厉的监管者和执行者，所以不存在寻租问题的讨论空间，x 主要影响正规金融部门，正规金融机构都处在决策者的监管之下，x 能够影响所有正规金融机构。由于监管成本、执行成本等原因，制度 x 对民间金融市场的影响是有限度的，所以一般情况下，决策者只能通过影响正规金融机构来影响民间金融市场。相比较而言，第二个方面的内容是制度发挥作用的主要内容。

2. 正规金融机构

正规金融机构受决策者监管，实际是经济体的二级货币供给者，这里将决策者与正规金融机构的交易视为无成本的，不存在任何费用。正规金融机构的货币供给可以分为两个部分，一部分流向小微企业部门；一部分流向非小微企业部门。流向非小微企业部门的货币也有一部分流向民间金融市场，民间金融市场的这一部分货币再流向小微企业部门，这是制度 x 影响民间金融市场的路径。正规金融机构对制度有充分的反映，供给小微企业融资。

由于正规金融机构对小微企业的信贷供给更多的要求小微企业提供抵质押物，抵质押物是小微企业重要的资源禀赋，要求小微企业提供抵质押物的条件导致了正规金融机构向小微企业信贷供给曲线缺乏弹性。对多数小微企业来说，土地、房产等不动产几乎是小微企业所有的重要资源，这就导致了小微企业必须把所有资源拿出来获取融资，正规金融机构风险厌恶加强了这种刚性，而贷款利率的管制使得正规金融机构无法通过提高贷款价格来弥补风险升水，正规金融机构的这种特性加速了权利映射系统弹性 ε 的下降，而正规金融机构贷款价格管制改革将有可能改变这一状况。以上正规金融机构对小微企业信贷供给的刚性将是下面分析中要使用的一个重要条件。

3. 民间金融市场

民间金融市场主要指不受决策者制定制度 x 的直接影响，但会受到间接影响。在现实经济中，民间金融也指非正规金融形式：包括私人借贷、贷款经纪、储金会、地下银行或地下钱庄、商业信用等（刘民权等，2006）。实际上，民间金融市场也存在大量的内在制度，但考虑到复杂性，不再进行详细考察。

相对于正规金融机构，民间金融市场对小微企业融资的供给存在着诸多优势，这些优势主要表现在信息优势方面：即使在小微企业缺乏资源禀赋的情况下也可以向小微企业提供融资，并且大多可以以信用贷款的形式提供。由于缺乏监管——实际是没有价格管制，民间金融市场似乎更可以通过提高利率的方式来补偿风险，相比较而言，民间金融市场对小微企业融资似乎更富有弹性，这也是下面分析中要使用的一个重要条件。

（三）权利映射系统的动态最优化

在以上的分析中，已经得到一些最基本的假设，制度 x 是这个权利映射系统变动的最根本变量，制度是整个系统优化的推动力。权利映射系统中的不同部门的相互关联性是决策者必须予以考虑的重要问题以实现整体的系统优化，这些关联性通过几个重要的变量关联在一起。

根据上述分析，假设决策者在出台制度 x 对小微企业权利映射系统的融资供给的直接影响系数为 α，$\alpha > 0$，令小微企业融资供给量为 S，则有 $S = \alpha x$，αx 为决策者通过财政手段直接影响小微企业的融资供给量，这里符合决策者是中央银行与政府的综合体，在现实经济中，αx 即是政府对小微企业直接财政补贴。制度 x 对正规金融机构的影响有两个部分，一个是通过命令或改进正规金融机构系统的信贷供给模式向小微企业提供融资；另一个影响是制度 x 对正规金融机构的存量影响，通过发放金融牌照来改变正规金融体系，假设正规金融机构的存量变动为 y，则 $y = x$，同时假设正规金融机构对小微企业的信贷供给系数为 b，由于正规金融机构缺乏风险偏好，所以正规金融机构对小微企业的信贷供给是边际递减的，必须假设正规金融机构对小微企业的信贷供给函数是凹的，因此正规金融机构对小微企业的融资供给量为 $-ay^2 + by$，a、b 始终大于 0，则 $S = -ay^2 + by$，$-ay^2$ 是风险拉低金融机构放贷的部分，初期 $ay^2 < by$，但随着风险的增加，ay^2 逐渐超过 by。由于民间金融市场不产生任何货币，因此，民间金融市场只能从正规金融机构获取货币资源，然后向小微企业供给融资，假设民间金融市场从金融机构获取货币资源，并向小微企业提供融资的函数为 qy，$q > 0$，由于民间金融市场具有很强的风险偏好的性质，因此民间金融市场向小微企业提供融资可以呈现线性特征，因此其小微企业供给融资为 $S = qy$，民间金融不受制度的任何直接影响，即决策者无法通过直接影响民间金融市场来达到改进小微企业融资困境的目的。那么，整个权利映射系统对小微企业的融资供给量可为：

$S = \alpha x - ay^2 + by + qy$，其中 $\dot{y} = x$

因此，制度 x 是小微企业融资权利映射系统 $S(t, x, y)$ 的控制变量，假设决策者出于通货膨胀及其他经济部门的考虑，则这个经济体系存在制度控制的成本函数，且制度的使用是边际递增的。成本主要来自对非小微企业部门信贷资源的挤出及通货膨胀等因素，这些都形成了制度调控小微企业融资的成本。假设制度调控的成本函数为 $C(x) = cx^2$，其中 $c > 0$，成本的增长是边际递增的。那么对于决策者来说，其向小微企业的融资供给量与成本之差便是决策者的收益：$S - C$，也是决策者的效用，决策者的效用最大化就是其提高小微企业融资的收益最大化。

那么效用函数可写为：$\alpha x - ay^2 + by + qy - cx^2$

同时考虑到决策者每一期的收益都要折现，并将其折现加总，并最大化处理，假设其折现率为 ρ，那么收益折现为：$(\alpha x - ay^2 + by + qy - cx^2)e^{-\rho t}$。

那么动态最优化问题可以表述为：

$$\text{Max} \int_0^T (\alpha x - ay^2 + by + qy - cx^2)e^{-\rho t}dt \tag{2-1}$$

满足：$\dot{y} = x$

$y(0) = y_0 > 0$，$S(0) > 0$

和　$x(0) = 0$ 。

$y_0 > 0$ ，说明在权利映射系统初始时间，正规金融机构就存在一定量，制度只能改进正规金融体系，但是不能大量减少机构存量。$S_0 > 0$ ，说明权利映射系统在初始时间，小微企业就有一定的融资量，这个融资量对应于图 1 中的 A 点，小微企业拥有自有资金，它在经济学的含义是小微企业通过积累行为启动新一轮的生产，在生产过程中资金不足需要周转时，便产生融资需求。$x(0) = 0$ 表示决策者在开始控制权利映射系统时还没有制度供给，制度为 0。控制变量 x 影响机构存量和资金流向从而形成小微企业融资的映射系统，制度成本的存在导致决策者不能把所有货币资源都转移到小微企业生产部门，而是为了追求均衡，达到社会效用的整体最优化。

首先写出汉密尔顿函数：

$$H = (\alpha x - ay^2 + by + qy - cx^2)e^{-\rho t} + \lambda x \qquad (2-2)$$

则产生了最大值原理条件：

$$\frac{\partial H}{\partial x} = -2cxe^{-\rho t} + \alpha + \lambda = 0 \qquad (2-3)$$

$$\dot{y} = \frac{\partial H}{\partial \lambda} = x \qquad (2-4)$$

$$\dot{\lambda} = -\frac{\partial H}{\partial \lambda} = -(-2ay + b + q)e^{-\rho t} \qquad (2-5)$$

采用现值汉密尔顿函数，可以有：

$$H_C = \alpha x - ay^2 + by + qy - cx^2 + mx \qquad (2-6)$$

等价的最大化原理条件为：

$$\frac{\partial H_C}{\partial x} = \alpha - 2cx + m = 0 \qquad (2-7)$$

$$\dot{y} = \frac{\partial H_C}{\partial \lambda} = x \qquad (2-8)$$

$$\dot{m} = -\frac{\partial H_C}{\partial y} + \rho m \qquad (2-9)$$

由（2-7）我们可以得到 $\frac{\partial m}{\partial x} = 2c > 0$ ，说明 m 是 x 的单调递

增函数，可以写出其逆函数：

$$x = \frac{m}{2c} + \frac{\alpha}{2c} \qquad\qquad (2-10)$$

把（2-10）代入（2-8）可得：

$$\dot{y} = \frac{m}{2c} + \frac{\alpha}{2c} \qquad\qquad (2-11)$$

通过将（2-11）式与（2-9）式联立，以及利用边界条件，可得到制度 x 的最优控制路径 $x \times (t)$（由于运算复杂，通过 matlab 7.0 解出微分方程的最终解）由于如下：

$$x \times (t) = \frac{1}{2c}[C_1(\rho c + \sqrt{\theta})e^{\frac{\rho c+\sqrt{\theta}t}{2c}} + C_2(\rho c - \sqrt{\theta})e^{\frac{\rho c-\sqrt{\theta}t}{2c}}]$$

其中：$\theta = \rho^2 c^2 + 4ac$，$C_1$、$C_2$ 为常数。

从动态最优化的结果来看，政策在时间上的动态最优路径是根据贴现值、政策边际成本及正规金融机构对小微企业放贷的风险产生影响，在这个动态模型中，决策者出台政策、不断调整政策趋于优化要同时考虑这三种因素。

（四）权利映射系统变迁的弹性问题

小微企业融资权利映射系统与制度 x 变量存在一种相互变化的关系，即在小微企业数量不变、小微企业融资需求总量不变的前提下，当制度 x 发生变化时引致的小微企业通过小微企业融资权利映射系统所能映射到的融资总量变化程度，为了便于讨论，这里再次借用经济学里的"弹性"一词。

在一个时间序列上，制度 x 不断推动小微企业融资权利映射系统发生变化，我们可以假设在初期（$t=0$），经济系统处在一个金融管制严厉、金融压抑程度较重的状态，小微企业在这一时期融资困难，融资可获得性非常低，融资权利失败是较为普遍的，在这一时期，当决策者供给新的政策时，力图推动小微企业融资权利映射系统的帕累托改进，但是这一时期的经济体受到种种习惯性力量的约束，政策效果非常有限，从外部观察到的经济现象就是新政策推出对小微企业融资改善作用不大，小微企业融资量变化不大，那么这一时期的小微企业融资权利映射系统就呈现出非常强的刚性。正规金融机构非常强调小微企业贷款的抵质押物，金融机构对小微企业的信贷技术创新缓慢，主要使用传统的抵质押物放贷技术，正规金融机构对小微企业放贷，无论是意愿，还是市场激励，都不强烈，只能通过零散的非正规借贷获取融资，非正规金融市场，即民间金融市场时常发生高利贷、集资等现象，为了保证秩序，决策者只能依靠更加严格的金融抑制政策防止系统性风险发生，非正规金融市场的监管成本较高，这是这一时期融资权利映射系统的突出特征。因此，决策者会发现，在这一时期，无论出台了多少目标明确的政策对小微企业融资改善作用都不大，导致小微企业融资权利映射系统刚性的原因可能并不仅仅是金融压抑，与之相关连的多种原因如市场机制问题是同时存在的，系统的外生因素是决定系统刚性的重要原因，但是这些外生因素不易被观察到。

随着时间的推进，经济继续发展时，权利映射系统的外生因素逐渐发生变化，制度 x 的变化能够引起小微企业融资权利映射系统较大的变化程度，新制度的供给对权利映射系统开始发挥作用，系统开始松动，小微企业融资权利映射系统由刚性向黏性转变，制度的有效性有所上升，这一时期的小微企业融资问题得到一定的缓解，小微企业融资权利失败的程度在下降。这一时期金融机构的小微企业融资供给或信贷技术创新开始产生，并逐步推广，这些创新的信贷技术开始改变金融机构顽固的"抵质押物"观念，向小微企业融资供给的意愿逐渐变强。在这一时期，决策者逐渐发现政策开始奏效，一些推动金融多元化的政策不断出台，更多的新型金融机构在各个地区被不断设立，正规金融市场上的竞争度开始变大，而非正规金融市场上的活跃程度也在增强，利率管制的放开使得正规金融市场与非正规金融市场的变动开始出现某种协调，一些规范非正规金融市场的制度、规范也被决策者确立，并及时出台，小微企业融资市场的整合度在加强。这时，小微企业融资可获得性得到提高。

权利映射系统由刚性向黏性的转变是系统一个重要转变，其意义在于，一系列的政策措施正变得有效，其实，这一转变是艰难的，当这一转变无法实现时，小微企业融资权利映射系统的刚性导致几乎所有的政策都不能奏效。金融抑制的惯性力量是强大的，决策者不得不面对这一力量，改革小心翼翼，几乎所有政策都具有试探性，刚性无法转变时，试探失败，所有政策又将滑回初始状态，金融管制、金融抑制政策又重新回到主导位置。这一转变并不是所有国家的决策者都能完成的，它承担的系统性风险、利益集团的绑架足以削弱决策者的改革意志——让融资权利系统变得相对公平确实是一件不容易的事。

当小微企业融资权利映射系统发展进入第三个时期时，融资权利映射系统开始富有弹性，政策效果越来越显著。正规金融市场的竞争性格局基本完成，并且小额信贷技术创新的深度、广度都达到较高的水平，竞争压力变大，信息不对称问题得到较好解决，利率自由化推动贷款自主定价机制的产生与发展，正规金融机构对小微企业融资供给意愿强烈，正规金融机构将成为小微企业融资的主要来源，但非正规金融机构不会退出市场。同时，金融管制会在很大程度上减弱，非正规金融市场规范程度提高，共同提高了小微企业的融资可获得性。在这一时期，制度供给、政策制定的所有目标将朝着一个更加稳健的金融市场前进。

（五）权利映射系统的微观信息生产机制

在小微企业融资权利映射系统的微观层面，往往是以机构为基础的，而机构则要生产出足够的信息来判断、甄别信贷风险，以防止"道德风险"和"逆向选择"，权利映射系统的改善要从微观层面——金融机构的信息生产改善开始，因此有必要对微观层面的信息生产进行分析。在美国经济学家斯蒂格利茨（Joseph E. Stiglitz）改变新古典经济学中信息完全的经典假设之后，信息不对称问题受到了越来越多的关注，与对该问题做出同样贡献的乔治·阿克洛夫（George Akerlof）、迈克尔·斯彭斯（A. Michael Spence）一道获得了 2001 年诺贝尔经济学奖。随后，信息不对称在经济研究中得到更为广泛的应用。

斯蒂格利茨与韦斯（1981）合作的《不完全信息市场中的信贷配给》为信贷配给的研究奠定了基础，企业融资受到信息不对称的约束。该理论在随后的小额信贷研究中得到广泛应用，信息不对称几乎成为一种经典的分析范式（林毅夫、孙希芳，2005；李志赟，2002；刘民权等，2006），它的出发点即是假设借贷双方中借方比贷方掌握了更多的信息，贷方容易遭遇道德风险、逆向选择等问题，从而造成信贷市场资源的非最优化配置以及低效。这种分析范式很有效的解释了农村金融市场存在的诸多问题，阐明了非正规金融存在的必要性，是一种有力的分析工具。但同样的，这种分析范式也存在一定的问题，即是逻辑上，这种分析范式既然已经假定了信息不对称的存在，那么几乎所有问题都被信息不对称所掩盖，被封装进了黑箱——信息不对称成为所有市场低效问题的黑箱。因此，必须意识到信息应当作为一种产品或产出存在，而不应该仅仅作为外生变量来考虑。从现代经济条件来看，日益成熟、发达的网络促进了信息生产技术的提高，如信用、征信制度和网络信用评价制度已经建立，起到了降低交易成本的作用。

信息生产的理论已经有了一定程度的探索。首先，信息是如何产生的。Veldkamp（2005）指出信息产量是经济活动加总的正外部性，即经济活动产生了大量的信息，这些信息又对经济活动产生影响，而且，信息生产与经济周期存在协同关系（Paul Brockman、Ivonne Liebenberg、Maria Schutte，2010）。其次，信息是如何分配的。Zhaohui 和 William（2012）从卖方角度对交易机会中的非排他性信息的作用进行了研究，卖方代理人通过购买其他代理人的信号结合自己拥有的信号以达到自由交易的意图，提高了市场效率，而当信息生产的收益不能内化时，卖方信息就受到投资不足的约束。另外，Yu Zhang 和 Mihaela（2012）的研究同时对信息的生产和分配进行了回答，他们从社会计算系统角度对信息生产进行了分析，指出在人口众多的情况下，中心边缘类型的含义是：中心代理人生产了大部分信息，而在边缘的代理人大部分信息从中心代理人获得。还有其他学者对信息在生产中发挥的作用进行了研究，Glenn M. MacDonald（1982）分析了信息在生产中的作用，研究了信息质量的改善对产出、工资和专业化水平均衡水平的影响。

在解释农户、小微企业小额信贷融资困境时，信息不对称的假设仍然被大量使用，但是这一假设存在很大缺陷，那就是回避了小额信贷中的信息生产问题，它无法进一步解释在实践中为什么会产生了如此多元的小额信贷组织，不能解释小额信贷操作模式的差异，也不能解释小额信贷组织状况的地区差异。因此，通过将信息作为内生变量，即作为一种产出看待，阐述小额信贷中的信息生产机制，对小额信贷组织的差异原因进行探究。

1. 信息生产函数

一般地，小额信贷的产出为贷款，贷款的生产过程包括贷款的申请、审查、发放和回收，整个信贷活动都包含了信息的生产，放贷者必须要获得关于贷款者的所有信息。这些信息要么由放贷者自我生产得来，要么从知情者那里购买得来。多数情况下，放贷者自我生产出信息，并将信息作为生产要素投入到信贷的生产中，这是信息相对于其他投入要素的特点，信息可以被重复使用。

实际上，信息是小额信贷的另一种产出。因此，信息生产是小额信贷的内生变量，即信息生产函数是小额信贷生产函数的隐函数，由小额信贷机构的利润函数内生决定。

首先假定存在一个信贷市场 M，这个市场上的人口数量为 N，市场上存在 N' 个信贷需求者，在这 N' 个信贷需求者中存在 N'' 个风险借贷者，假定这些信贷需求者的贷款需求具有同质性，都为 c，那么信贷市场的贷款总需求为 $N'c$。并且假定在信贷市场 M 内只存在唯一的信贷机构 I，信贷机构 I 拥有货币量为 C，放贷量为 C'，则 $C' \leq C$。

同时，假定这些信贷需求者都能够向信贷市场内的信贷机构提出贷款申请，那么这个信贷市场存在的风险为 $\dfrac{N''}{N'}$，信贷市场的无风险贷款率为 $\dfrac{N' - N''}{N'}$，这个概率是信贷机构 I 希望了解到的，但由于信贷机构所掌握的信息量为 Q_I，总体信贷需求者掌握的信息量为 Q_L，那么当信贷机构掌握的信息量小于信贷需求者掌握的总信息量时，信息不对称问题便产生了，这种信息不对称状况可以概括为：$\{Q_I, Q_L\}$、$Q_I < Q_L$。因此，在风险随机分布的状态下，信贷机构 I 的无风险贷款率只能小于 $\dfrac{N' - N''}{N'}$，信贷机构试图通过生产信息的方式对借贷者加以甄别，尽可能地将风险贷款者排除出市场，关键在于信息的产出。在通常的研究中，这种信息不对称状况都被视为既定的，双方的信息量是永远保持不变的，即恒定地保持 $Q_I < Q_L$ 的状态，但在实际的信贷生产中，信息量是动态变化的，信贷机构可以通过信息生产改善自己在信贷市场上的信息状态，这一点是经常被忽略的。

为便于分析，这里假定对贷款者都会生产出一条信息，这条信息的作用在于使信贷机构在无风险人群中找出无风险贷款者的概率为 P，则在风险信贷人群中放贷的概率为 $1 - P$，并且规定风险贷款损失为本金。概率 P 是依据信贷机构 I 所掌握的信息量 Q_I 产生的，即 $P = P(Q_I)$，结果是无论借贷者风险如何，经过信息处理后，且从信息结果看，不存在风险的借贷者都可以获得贷款，那么总的放贷量，即信贷供给量为 $[N'P + (1 - P)N''] \cdot c$。可以证明的是信贷市场由于风险者和信息不对称的存在，信息市场无法达到均衡状态。假设信贷市场存在均衡，可以有等式 $[N'P + (1 - P)N''] \cdot c = N'c$，最后得到 $N'' = N'$，这与 $N'' < N'$ 是相矛盾的，同时还说明如果信贷机构忽略风险因素和信息不对称问题进行放贷时，所有借贷者都倾向于变为风险借贷者。

2. 一个"干中学"基础上的信息生产函数

信息生产的特殊性在于信息是可以积累的。本质上，信息是一种促使信息使用人作出判断的知识，所以具有可储存性，并且可以被人力资本重复使用，信息是被生产出后作为一种知识加强了人力资本，帮助提高人力资本的效率。也就是说，当信息生产的过程是无偏差的，信贷员会越来越熟练，信贷员发放贷款的效率会越来越高，信贷员越是能胜任其信贷工作，那么信贷机构的人力资本和知识储备都将提升，是一种递增的状态。这一种特征与"干中学"是相符合的。

"干中学"表达了一种知识积累对于增进生产效率的作用，它的核心思想在于个人在生产过程中会不断改进生产方法，知识积累是以往经济活动的结果（Kenneth J. Arrow, 1962）。考虑信贷机构 I 要进行信息生产，从一般情况来看，信息产出可以由资本得出或信贷员得出，或两者共有得出，这里的资本生产出信息是指客户风险信息以及放贷与否的判断可以由某种计算机模型得出。同样，即便是在最大程度上依靠人力操作进行信息生产时，也仍然离不开资本因素，如信息储存或客户信息系统的开发等。因此，信息生产的投入要素可以分为人力资本投入 H 和资本投入 K ，人力资本的工资为 w ，资本投入的价格为 ρ ，那么信息生产的成本为 $Hw + K\rho$ 。构造信贷机构 I 的"干中学"信息生产函数为：

$Q_I = K^\theta (AH)^{1-\theta}$ ，其中 A 为知识。

将概率函数重写为：$P = \varphi Q_I = \varphi K^\theta (AH)^{1-\theta}$ ，$\varphi > 0$ ，为增函数，即信息量越大，则正确甄别客户的概率越大。由于信息生产是由信贷机构利润函数内生决定的，信息量产出的多少受到信贷机构利润最大化的约束，令贷款利息为 i ，那么信贷机构的利润为：

$$\prod = \varphi K^\theta (AH)^{1-\theta} N'c \cdot i - K\rho - Hw - [1 - \varphi K^\theta (AH)^{1-\theta}]N''c$$

由信贷机构利润最大化的一阶条件 $\frac{\delta \prod}{\delta K} = 0$ 和 $\frac{\delta \prod}{\delta H} = 0$ 分别得到由资本 K 和人力资本 H 的信息生产函数：

$$Q_I^K = \frac{\rho}{c\theta\varphi(N'i + N'')} \cdot K \qquad (2-12)$$

$$Q_I^H = \frac{wA}{c(1 - \theta)\varphi(N'i + N'')} \cdot H \qquad (2-13)$$

令 $\frac{1}{c\varphi(N'i + N'')} = s$ ，则 （2-12）、（2-13）可重写为：

$$Q_I^K = \frac{s\rho}{\theta} \cdot K \qquad (2-14)$$

$$Q_I^H = \frac{wAs}{1-\theta} \cdot H \qquad\qquad (2-15)$$

资本和人力资本的最优化比例为：

$$\frac{K^*}{H^*} = \frac{wA\theta}{(1-\theta)\rho} \qquad\qquad (2-16)$$

3. 小额信贷组织的信息生产函数、市场结构及其发展路径

以上分析了最一般的信贷机构的信息生产过程，小额信贷组织区别于其他信贷机构最重要的特征即是其信息优势。在信息方面，小额信贷组织的成员在组建小额信贷组织初期就掌握了一定的信息量，这些信息是人力资本所带有的一种资源禀赋，假设在小额信贷组织成立时成员携带的信息量为 γ，因此（2-15）可以重写为：

$$Q_I^H = \frac{wAs}{1-\theta} \cdot H + \gamma \qquad\qquad (2-17)$$

以信息量为纵轴，资本与人力资本为横轴（图5-1），当 $\rho > \frac{\theta wA}{1-\theta}$ 时，资本的信息生产函数的斜率大于人力资本生产函数的斜率。实际上，在经济不发达的情况下，对于资本实力较为薄弱的小额信贷机构，购置资本的成本要远远大于雇用人力资本的成本。因此，在图5-1中资本的信息生产函数要比人力资本的信息生产函数更加陡峭，但是资本在最初时期，并不能储备信息，这是与人力资本极为不同的地方。因此，利用信息量 γ 的优势，小额信贷机构是可以成立并且运营的，而对于外来进入者，如果不具备信息量 γ 的优势，那么该机构就可能无法正常运行下去。这里需要进一步讨论的是对于信贷市场的新进入者来说，真正的进入壁垒与其说是资金壁垒或政策壁垒，不如说是信息壁垒。在某种情况下，对于无法通过资本或人力资本生产出的信息，新进入者初期掌握的信息量无法达到 γ，那么信贷市场上原来的机构就会利用其信息优势为客户提供价格更低的信贷服务，从而将新进入者排挤出市场，然后提高价格。这样造成的信贷市场结构极可能是完全垄断或寡头垄断，市场是分割的，这在某种程度上解释了为什么农村金融市场上存在所谓的"高利贷"现象，以及多数正规金融机构缺乏进入农村金融市场的动机。

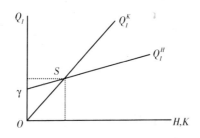

图2-3　小额信贷信息生产及路径

在图2-3中，Q_I^K 与 Q_I^H 交汇于 S 点，在到达 S 点之前小额信贷机构依赖人力资本进行信息生产，而随着信贷规模的不断扩大，依靠资本进行信息生产就成了必要条件。小额信贷机构信息生产大致遵循的路径为 $\gamma S \to SQ_I^K$，在 S 点便产生了小额信贷机构转型的问题，也就是说，随着人力资本价格的增长，依靠人力资本进行信息生产的空间是有限的。

4. 信息市场与信息生产分工

在信贷市场 M 内，N 个人由于长时间的交易，在相互的博弈过程中，逐渐产生了对彼此的认识，形成了非常稳定的博弈均衡，并对每一个人的行为都有准确的预期。由于小额信贷的额度都只在所有人个人收入的范围内，因此贷款的风险只能存在于道德风险上，借助这种信息就可以对借款人的还款意愿及风险作出准确的判断。假设每个人掌握的信息都是准确的，而且这些信息都能帮助信贷机构准确区分风险借贷者，信息具有同质性，假定每个人都能掌握其他人的信息，这个信息的信息量为 ν，同时 ν 也是信贷市场 M 内的信息密度，那么在信贷市场 M 内存在的信息量为 $N\nu$，$Q_L = N\nu$。

值得注意的是，实质上，在信贷市场 M 内，信息 $N\nu$ 具有公共品性质，因为信息是相互掌握的，在更多的交易里信贷市场 M 内的成员都在免费获取使用这种信息，在这个范围内，信息不具有排他性，也不具有任何竞争性，非常接近公共品。但是从外部来的新进入者将会面对信息壁垒，这个新进入者不一定就是信贷机构，它也可以是新迁入的居民，他为了达到与其他成员相同的信息量水平

ν，必须参与新一轮的博弈，在博弈过程中，新迁入者逐渐积累这个市场内的信息，最后达到信息量的均衡水平 ν。

在信贷市场 M 之外，对于信贷机构来说，这种信息的获取就会变得具有一定的排他性和竞争性，因为信贷机构要获取这些信息仍然要进行信息的生产投入，这样就会产生成本，这是信息的特殊性。当小额信贷机构想获取这些信息时，便会面临着是否要自我生产信息，还是购买信息的权衡。当信息的供给和需求都具备时，一个小额信贷的信息市场便产生了。

尽管对于信贷市场 M 内的成员来说，这些信息似乎已经是没有太大价值，因为预期几乎都已经稳定，他们头脑中对这些信息的成本似乎已经不存在了。实际上，不是因为成本不存在了，而是因为信息由于具有一旦被生产出来，就可以被反复使用的特性，这些成员已经将这些信息成本平均到了与市场 M 内其他成员的每一次交易中，平均成本被大大降低，较少感觉到这些成本了，对于这些成员来说，这些信息的生产成本几乎接近于 0。实质上，信贷市场 M 内的成员已经为小额信贷机构提前完成了这样的信息生产环节，小额信贷机构所需要做的就是获取这些信息，当然小额信贷机构也可以进行信息的自我生产。

假定小额信贷机构对信贷市场 M 内的某一或某几个成员支付 w' 的工资以购买信息，同时在前面的分析中，我们已经得出小额信贷机构在初期的信息生产中会选择人力资本进行生产，支付工资为 w，也就是说小额信贷机构进行信息自我生产的成本为 w，那么当信息交易的成本 $0 < w' < w$ 时，信息交易便会产生，信贷市场内 M 的信息出售者收益为 w'，机构收益为 $i - w'$。当 $w' = w$ 时，信贷机构在购买信息和自我生产是没有区别的。

对于信贷机构来说，那些信息出售者既是信息的供给者，又是信息的生产者，类似于非正式员工，具有两种工资同时存在，这是劳动力市场上的均衡。这两种均衡工资框定了小额信贷机构内部的不同分工，即一部分员工负责信息生产（购买）；而另一部分负责信息的综合、管理，信息出售者（非正式员工）数量要大于信息管理者，这是小额信贷机构内部最基本的分工结构，这样的结构简单，但却非常有效。

那么这样的分工如何才是有效的，如何才是无效的？在实践中，农信社的信息出售者被称为信贷员（他们多数是正式员工），他们多数是农民出身，对当地情况及人员信用状况十分了解，充当了农信社代理人的角色，但为什么仍然会出现道德风险，贷款的违约率较高？在2007年银监会颁布银监发〔2007〕7号文件之后，各地的农民资金互助社开始成立，其中很多互助社运行状况良好，盐城市的资金互助社也采取了类似的制度，在每个村庄里安排信贷员，并给予工资和提成，他们的运行是有效的，违约率较低。出现这种差异的重要原因在于盐城资金互助社的信贷员在资金互助社存入了较大数额的担保金，而在农信社就没有这样一种制度，并且农信社的信贷员激励制度不灵活，这造成了农信社信息生产分工的局限。由此可见，正确的分工才可以有效捕获信息，在实际操作中，信息出售者自身的道德风险与违约成本以及激励制度必须加以慎重考虑。

从信息出售者那里购买信息，或将信息生产的一部分分工给信贷市场 M 内的成员，实际是一种信息生产业务的外包现象。这种分工是一种静态分工。它的前提假定是成员都限定在市场内，不会发生变化，因此对于信息业务的承包者（信息出售者）来说，成本是不变的，较低的，但是当外部经济条件变化时，如当地外出打工、经商者增多，并常年在外，那些信息出售者无法经常与外出者进行持续交往时，那么过去的信息就会失效，不能继续作为判断放贷的依据，信息出售者需要进行信息的再生产，这时成本便会提高了，当 $w' \geq w$ 时，信贷机构就无法再购买信息，信息出售者甚至可能转为正式员工，信贷机构要进行信息的自我生产，这也暗示了农信社在改革过程中人员位置的变化。

当 $w' \geq w$ 时，在实践中，小额信贷的信息生产分工往往倾向于队生产（team work）（阿尔钦、登姆塞茨，1994）的结构，即由简单的、少量的人组成一个放贷单元进行信贷审查、追踪，如晋商银行对小微企业的基本信贷分工单元由客户经理和风险经理组成。客户经理负责客户调查、协调和核定信贷额度等；而风险经理则主要负责贷前、贷中和贷后风险防范，对风险起到预警作用；控制以及管理基本信贷单元的机构为风险管理委员会，阶层较少，信息处理迅速，从运行效果看，晋商银行小微企业贷款违约率以及不良率都非常低，这说明这样的队生产结构是有效的。

更为长期的考虑是，当信贷规模扩大，且 $w > \rho$ 时，小额信贷机构的分工便要重新调整了，小额信贷机构面临转型的选择，需要依靠资本进行信息生产、积累，人力资本的作用转变更加靠向管理职能，重新回到 $0 < w' < w$ 的状态。

5. 不同信息生产分工下的组织形式

小额信贷不同信息生产分工对其组织形式提出了最根本的要求，小额信贷组织形式围绕分工展开。由于不同信贷机构分工存在差异，则小额信贷组织形式就存在差异，尽管在实践中多数小额信贷机构努力向世人展现出它高效、独立、产权明晰的现代企业形象，这种差别是客观存在的。小额信贷机构内部信息生产的分工是该组织形式的内涵，组织形式是这种分工的表达。并且，分工也是对信贷环境的反应，即小额信贷机构在特定的经济条件下，通过资源最优化分配达到利润最大化，组织形式必须服从分工的要求，否则，组织形式将会影响分工作用的发挥，降低信息的生产效率，所以，不存在哪种组织形式的小额信贷组织比哪种组织形式的小额组织更为先进的说法，组织只是对既定经济条件下最优化的途径。

从以上的分析中可以看出，小额信贷信息生产分工大致可分为三个阶段，即业务外包（信息购买）、人力资本自我生产和资本生产。在第一阶段，小额信贷的信息生产是外包出去的，从信息市场购买信息，机构员工主要负责信息的整理、深加工或信息积累，这个阶段的小额信贷组织成员自身也具有一定的信息存储，组织民主性较强，组织结构呈网络—节点状，小额信贷机构作为信贷市场中心向周围辐射，组织形式简单，管理层呈现扁平状，运营成本低廉，多数情况下，适合在社区内部自我组织产生的小额信贷组织。

在第二阶段，由于劳动力资本或信息生产成本的提高，小额信贷机构不得不进行自我生产，主要依靠人力资本进行生产，依靠机构内员工进行信息生产，但这种信息生产分工并不具有可持续性，信贷机构会面临人员流动性变大的问题，组织结构为少数管理者和多数信贷员，信息的生产依靠信贷员完成，当信贷员信息生产的激励机制缺乏或无效时，机构不得不面对信贷员更大的道德风险，并且这种组织结构的运营成本较大，缺乏竞争力，这是多数小额信贷组织以及农信社不得不进行改革、转型的根本原因，当机构无法生产出足够信息时，改变分工和组织形式成为机构的首选。在第三阶段，由于信息生产更多地依赖计算机等资本设备来进行，人力资本使用大幅减少，机构组织形式变得微小，但也更有效，此时，机构会拥有广泛的客户自助服务系统，构造成为有效率的信贷网络，也就是机构更有能力依靠"硬信息"来生产信贷信息，由于网络广泛，平均信贷成本大幅降低，这一阶段的机构拥有更强的信贷供给能力，其组织形式一般为现代企业制度。

根据世界银行年报（2009），截至2009年，全球小额信贷客户有6000万户，小额信贷在全世界发展迅速，依据当地不同的信贷环境，逐渐发展出几种重要的信贷模式：如孟加拉乡村银行（Grameen Bank）模式、印度尼西亚人民银行乡村信贷部（BRI - Unit）模式以及美国富国银行模式。孟加拉乡村银行模式是第一阶段的典型组织形式，每个村庄都建立了乡村中心，同时与联保机制一起生产出信贷信息。富国银行模式是分工第三阶段的典型代表，在发达和充足的信息处理技术条件下，对"硬信息"进行大量处理是高效和低成本的。从实际运行情况看，孟加拉乡村银行模式和富国银行模式运行良好，不良率极低，是有效的分工和组织形式。

6. 信息生产的政策含义

信息生产是小额信贷生产的主要环节，是机构克服信息不对称问题、改善信息环境的必然途径。由于小额信贷机构所处的外部环境不一样，造成其面对的成本结构的差异，从利润最大化的目标出发，小额信贷机构的信息生产分工呈现出不同阶段，人力资本与资本生产信息的作用随外部经济条件变化而变化。由于小额信贷市场小额信贷机构面对的客户差异性较大，信息生产能力的强弱直接影响信贷机构发展的可持续性。当外部环境发生变化时，小额信贷机构信息生产的能力会发生变化，这种变化可能是增强机构的信息生产能力，也可能是削弱机构的信息生产能力。机构内部的分工与组织形式是相连的，有效的分工可以增强机构的信息生产能力，那么组织形式的调整或机构的转型是机构进一步增强信息生产能力、应对变化的必要条件。

其政策含义为小额信贷机构的组织形式必须围绕信息生产的分工展开，不适当的组织形式将会妨碍机构信息生产能力的提高。某种程度上，不适当的组织形式将会增加机构内部的道德风险，产生搭便车问题以及信贷员与客户的合谋问题，降低机构的生产效率。因此，当机构面对变化的外部环境进行转型时，组织形式的选择就变得极为慎重，盲目选择或追求新型的组织形式的行为就会变得具有危险性，因此，机构的组织形式是不一而终的。与机构内部分工相适应，机构转型、转换组织形式必须要有相应的激励机制以防止道德风险、内部合谋等问题。另外，对于处在改革时期的农信社来说，在改革过程中，应更加注重信息生产能力的增强，并为向第三阶段发展做好准备，相应的人力资源和资本更新是转型成功的关键因素。

另外，对于意图进入某一地区农村金融市场的机构来说，获取最初的信息资源是非常必要的，这种信息壁垒的打破可以通过信息的购买来实现，在进入市场的初期，"本土化"是机构的信息生产分工以及组织形式的必然选择。

（六）小结

制度变量推动着小微企业融资权利映射系统的变动，首先是对权利映射系统中重要因素的改变，即改变歧视——从法律上改变小微企业所处的信用环境、推动金融机构多元化、推动金融机构对小微企业融资供给创新；其次是释放市场机制，通过贷款利率自由化使市场机制在小微企业融资中真正发挥作用；最后是小额信贷信息生产机制所导致的小微企业融资供给模式的创新，不同机构对应不同市场制定不同的小额信贷流程，实现增加小微企业融资的目的。

五 货币资源对小微企业融资可获得性的影响机制

货币资源对小微企业融资可获得性具有直接的影响，但是在现实经济运行的情景中，货币资源并不是简单的货币市场的货币量，而是具有一定的层次性，这种层次性表现为货币的一级供给者和二级供给者。简单地说，货币资源的直接供给者就是中央银行，通过发行货币或货币市场操作直接注入流动性，形成一部分货币资源，商业银行将存款转化为贷款，形成另一部分货币资源，第一层次的货币资源对小微企业融资可获得性具有间接影响，而第二层次的货币资源对小微企业融资可获得性具有直接影响。第一层次对小微企业融资产生影响的政策基本都是货币政策，第二层次的政策则更多的是信贷政策。因此，一些货币政策或信贷政策的调整将会对小微企业融资产生一定的冲击，其冲击效应的大小和方向将会影响小微企业融资可获得性的变化方向。但是在第二层次中，小微企业融资市场的微观结构却是正规金融市场和非正规金融市场，这两种市场在市场势力、成本、供给等多方面存在差异，这导致货币量变动对小微企业融资传导机制的复杂性。存款、贷款等在不同地区的分配对小微企业融资也产生了不同影响。

中央银行的货币供给并不能直接到达小微企业融资市场，小微企业融资市场的信贷资金供给可分为两种融资途径：第一种是正规融资途径；第二种是非正规融资途径。第一种从银行直接获取融资，商业银行将 M1、M2 中的存款部分转化为贷款投放到信贷市场，小微企业从信贷市场获取资金；第二种非正规融资途径则通过私人借贷等方式进行融资，非正规融资途径的货币来源是很不确定的，根据企业规模不同，差异性会比较大，对于微型企业，借贷在十万元以下的，一部分资金可能来自流通中货币（M0），借贷金额不大时，私人间借贷以现金方式是可行的，但数额较大时，可能更多的是通过银行间的转账汇款来完成借贷，这样非正规融资途径的另一部分货币就来源于活期存款（M1）、准货币（M2），但是这两部分货币资源哪一部分在整个非正规融资途径中占有最大比例是难以确定的。正规融资途径与非正规融资途径共同构成了小微企业完全的融资来源，中央银行的一系列货币政策将会影响货币市场上货币供给量。

　　货币对小微企业融资可获得性的影响似乎更是一个结构性问题，而不是一个简单的直接供给的问题。可以想象一种简单情况，货币供给的层次是从上到下的，就像热带雨林的阳光是一种稀缺资源，从最高处到最低处，不同植物的采光量逐渐减少，最高处的植物可以获得最多的阳光。商业银行等正规金融机构掌握了大部分货币，准货币在 M2 中占了最大比例，而 M0 在整个货币供给量中占了最小的比例，货币资源的分配决定了正规融资途径及非正规融资途径市场势力的巨大差异，正规金融机构掌握最大比例的货币资源导致其在信贷市场中具有很强的市场势力，并且金融机构多元化局面没有形成，商业银行并没有形成充分竞争，很大程度上仍然是寡头垄断竞争格局，这加强了正规金融机构的垄断势力；货币资源在正规金融市场上是被银行机构集中掌握的，使得银行能够形成货币管理、使用的规模效益，这加强了商业银行在小微企业融资市场上的强势地位；而非正规融资途径货币资源则分散掌握在个人或者家庭手中，分布非常分散，这种分散的结构导致了小微企业在非正规融资途径上只能通过单一的社会关系来融资。另外，信息不对称（斯蒂格利茨、韦斯，1981；林毅夫、孙希芳，2005；李志赟，2002；刘民权等，2006）是小微企业信贷市场的突出特征，非正规融资途径的信息不对称程度相对差一些，但总体上，小微企业信贷市场上的信息不对称导致了放贷者较高的风险预期，风险补偿机制又导致小微企业融资成本较高。

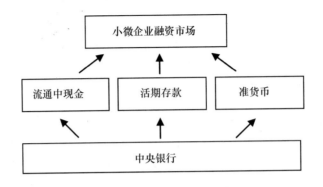

图 2 - 4 货币供给对小微企业融资的影响机制

（一）两种不同市场的微观情形

在正规金融市场和非正规金融市场，小微企业面临着两种不同的情形，由于信息结构、融资壁垒等其他结构性原因的长期存在，小微企业融资市场被分割为正规金融市场和非正规金融市场，在这两个市场中，形成了两种利率和融资量。在图 2 - 5 中，纵轴为利率，横轴为融资量，S_1 为正规金融机构对小微企业的融资供给曲线，向右上方倾向，S_2 为非正规金融市场对小微企业的融资供给曲线，向右上方倾向，但倾斜度较小，S_1 的倾斜度大于 S_2，正规金融机构由于垄断势力强大，有很强的攫取利润的能力，同时考虑风险、放贷成本等多方面因素，导致倾斜度较大；非正规金融市场一般信息不对称程度较差，通过血缘、地缘等社会资本途径，信息不对称问题能够很好地解决，风险能够较好地掌控，并且由于货币资源分散掌握在家庭、个人手中，非正规金融市场很难形成垄断势力，因此，S_2 倾斜度较小。D 为小微企业融资需求曲线，小微企业融资需求富有弹性，融资需求较大，在信贷市场上要同时面对两条不同的融资供给曲线。

在利率完全不受约束的情况下，小微企业融资市场显然会形成两种不同的均衡价格：OB 和 ON，但是正规金融机构是容易受到监管部门的政策限制的，比如贷款利率限制，或信贷配额，在贷款利率限制在 OE 的情况下，正规金融机构对小微企业的融资供给量为

OG，尽管 2013 年 7 月中央银行对放款金融机构的贷款利率开始管制，但是至少在此之前，小微企业融资市场的贷款利率限制是长期存在的，图 2-5 描述的情形是符合这种实际情况的，贷款利率长期被管制在 OE 水平上，正规金融机构福利损失为 $ACEF$，社会无谓损失为 CFH。正规金融机构的小微企业融资利率 OE 小于非正规金融市场利率 ON，无论利率自由化如何推进，小微企业融资市场都容易受到基准贷款利率 4 倍——"高利贷"的无形约束（尽管这一约束并不是法律或者政策规定，但是却逐渐变成了一种约定俗成的无形规则，以便在发生违约之后，放贷者可以得到法律支持）。正规金融机构利率低于非正规金融市场利率，这吸引了大量的小微企业融资需求，给正规金融机构内部人员提供了大量的寻租机会，这必然导致小微企业融资成本要高于利率 OE，但一定低于 ON，因为如果高于 ON，那么小微企业则寻求从非正规金融市场获取融资。

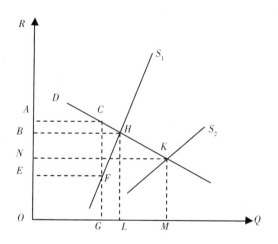

图 2-5 两种不同市场的微观情形

从成本角度看，小微企业从两种市场融资的成本都不会太低，两种市场的融资成本高，但造成成本高的原因却不相同。在正规金融市场，尽管名义利率不高，但存在潜在的融资成本，这种融资成本导致正规金融市场实际利率与非正规金融市场利率持平，非正规金融市场融资成本则完全是信息对称情况下的市场均衡，这样小微企业融资市场的实际利率是相同的，只是小微企业融资成本结构在不同市场是存在差异的。

最后，正规金融市场为小微企业提供了 OG 的融资量，非正规金融市场为小微企业提供了 OM 的融资量，非正规融资途径是小微企业融资相对重要的来源[①]。但是随着利率自由化的推动，正规金融市场为小微企业提供的融资量将逐渐从 OG 增加到 OL，机构的福利损失以及无谓损失都会消失，市场扭曲将得到修正，S_1 可能有所移到，但由于信息不对称问题的长期存在，S_1 并不能与 S_2 完全重合，正规金融机构信贷技术的创新、改进将推动曲线向右移动，但在较长的时期内，小微企业融资市场的这种情形将继续存在下去。

正规金融市场与非正规金融市场共同构成了小微企业融资市场，货币资源要通过这两种途径才能影响小微企业融资，货币资源量在这两种市场上的分配是无法确定的，但是这两种市场上的信贷资源分配机制却构成了货币资源对小微企业分配的微观基础。

(二) 信贷资源机制

在中央银行的货币政策中，货币政策影响实体经济的主要传导途径有三个：利率途径、汇率途径和信贷途径（闫红波、王国林，2008）。信贷途径可能是货币政策影响小微企业融资市场的主要途径，信贷政策对制造业中不同行业产生了非对称效应（闫红波、王国林，2008），这某种程度上证明了货币非中性，信贷政策影响了企业融资进而影响产出。

信贷政策包括了地区间、产业间信贷资源的分配、管理与控制，通过调控存贷比可以调控银行的总贷款量，从期限上来看，信贷资源又可以被划分为中长期贷款和短期贷款，信贷资源在时间上的分配结构也会对小微企业融资可获得性产生影响。

---

① 根据《小微企业融资发展报告 2013：中国现状及亚洲实践》，微型企业中"向亲戚朋友借款"的比例较大，并且，"小额贷款"、"民间借贷"非常受关注，表明非正规融资途径在小微企业融资中发挥了非常重要的作用。

总体上，货币资源到达小微企业的途径大致分为正规融资途径和非正规融资途径。但是，货币政策工具中信贷政策是央行控制信贷供给来改变货币市场上货币供给量的直接手段，非正规融资并不能被央行直接控制。信贷资源可以分为存款、贷款、短期贷款、长期贷款以及现金投放，信贷资源在这些项目上的分配差异是较大的，并且这些变量对小微企业融资的作用也是不一样的，比如存款变量，是否一个地区存款越多，当地小微企业融资就会越容易，或者融资没那么难？对于贷款变量，是否意味着一个地区贷款量越大，小微企业融资就越容易？其他变量也可以做相同的考虑，那么，这些变量对小微企业融资到底起到了多大作用？可以通过构建模型，考察这些变量在小微企业融资中的作用来实现。

六　小微企业融资权利映射过程及其
映射权利失败的含义

假设小微企业的资源禀赋集合为 A，同时令小微企业抵质押物的资源禀赋集合为 C，则 A 和 C 存在关系：$C \subset A$，非抵质押物的资源禀赋集合为 $A-C$。小微企业面对信贷市场，使用资源禀赋获取融资，权利映射系统将小微企业资源禀赋集合 A 映射到一个货币资源集合 M。小微企业资源禀赋集合 A 中的资源禀赋包含了企业在实际生产经营中需要投入的各种要素，所以 A 不仅仅包含了资本、技术等有形资源禀赋，而且还可能包含了信用等，小微企业借以完成一个完整的生产过程。为了问题讨论的方便，我们假设小微企业信贷市场不存在逆向选择、道德风险问题，即小微企业都能及时还款。那么，在这个前提下，小微企业融资问题的权利映射系统以外的因素就可以排除了。

在本章第 4 节中，本书给出了权利映射系统中各部门的性质，而小微企业融资市场一般发挥作用的主要为正规金融机构和民间金融放贷者，这在货币资源部分也同样对应为正规金融市场和非正规金融市场，这两种市场的微观情形是小微企业融资面对的基本状况，呈现结构性的特征。在排除制度等不确定性因素后，两者共同构成了小微企业融资权利映射系统。

小微企业融资从资源禀赋出发，第二步便是融资权利映射系统，映射系统将资源禀赋映射到货币市场上的货币资源。权利映射中的正规金融机构和民间金融市场造成了小微企业信贷市场的结构性特征，正规金融市场与非正规金融市场在市场规模、掌握货币资源量、市场势力方面存在巨大差异。这种结构性特征导致小微企业在这两个市场时遭遇的不同状况，从而反映出权利映射系统的映射功能。一个常见的状况是正规金融机构要求较多的"抵质押物"，在这个条件之下小微企业权利映射系统自动将缺乏抵质押物的小微企业排除出信贷市场，小微企业不得不到非正规金融市场寻求融资。之前我们假设了小微企业信贷市场不存在逆向选择问题，实际也是同时将融资问题的分析对象定位在风险较低的小微企业上，那么，这时就出现了权利映射系统弹性不足（信贷技术创新不足），权利映射系统缺乏灵活性，对抵质押物有着近似固执的偏好，使缺乏抵质押物的小微企业难以获得贷款，导致小微企业融资权利失败。

映射的第三步是到达货币资源。在货币市场上，政府通过货币政策、信贷政策都会影响货币市场上的货币量，但信贷政策一般主要影响正规金融机构，对于民间金融则可能存在间接性影响。当信贷环境、信贷政策发生剧烈变动时，民间金融市场信用水平下降，导致小微企业融资权利失败。小微企业融资的权利映射到此成为一个完整的过程，在这个过程中，权利映射系统发挥的机制是一面透镜的机制，资源禀赋发出的"光线"经过权利映射系统折射、分散，最终投射到货币资源上。由于小微企业资源禀赋存在一定差异，映射结果是多种情况的，即在正规金融市场和民间金融市场融资产生不同组合。实际上映射过程也是小微企业资源禀赋与货币资源匹配的过程，缺乏有效匹配的机制导致小微企业融资权利的失败。权利映射系统以及货币政策都可能导致小微企业融资权利失败。

这里说明小微企业融资权利与可获得性的一个关系是：一定的权利导致一定的融资可获得性。映射系统的弹性（信贷技术创新水平）决定了小微企业什么样的资源禀赋（抵质押物）能够映射到正规金融市场上的货币资源，什么样的资源禀赋不能映射到，这就导致小微企业融资权利处在一种什么样的状况，这进一步决定了小微企业融资途径的多少以及在这些不同融资途径上的融资比例结构，最终反映为小微企业融资可获得性。因此，不同原因产生的小微企业融资权利失败导致了不同状况的融资可获得性，即不同融资途径的可选择性以及在不同融资途径的融资量、不同融资途径融资量比例共同体现了融资可获得性。

映射的概念和内涵表明映射是一个比"市场"更大的概念，实质上是指资源的分配，分配可以通过"市场"实现，也可以通过政府计划实现。小微企业权利映射系统则是两者兼而有之的本体，而在现实中大多数情况下要靠市场（信贷市场）实现小微企业融资的分配。小微企业权利映射系统形成一个整体的评价体系，它将信贷资源分配给那些它评价为优（风险低）的小微企业，评价的标准在传统模式下则可能是抵质押物，而本质上评价的目的是确认小微企业的偿债风险，也就是说抵质押物只是这个目的众多必要条件中的一个。前面假设了小微企业都不具有偿债风险，那么在这个情况下，权利映射系统没有把那些不具有偿债风险的小微企业识别出来时就会造成小微企业融资权利失败。因此，小微企业融资权利映射失败的含义是权利映射系统的映射技术（微观信息生产）、制度（政策规定）以及货币资源的收缩导致的小微企业融资能力的收缩、下降，而与融资权利对应的融资量下降、结构恶化（融资途径变化成本的提高）就是小微企业融资可获得性的降低。

七 本章小结

从权利方法来看，小微企业融资权利中各个部分对小微企业融资可获得性产生了不同的影响，资源禀赋是融资权利的基础部分，而权利映射系统的作用如同一道"闸门"，它可以决定哪些资源禀赋映射到货币资源，权利映射系统在整个融资权利中处于中心位置，小微企业融资权利的改善有赖于权利映射系统的改进、优化以及变迁；而货币资源对小微企业融资可获得性的影响机制又表明小微企业信贷市场存在着市场势力及结构性的障碍，这些因素削弱了小微企业融资权利。小微企业能够依靠自有的资源禀赋，而不必求助于"抵质押物"及"高利贷"，获得其所需求的融资量，则说明小微企业融资权利得到改善，小微企业融资可获得性也得到了提高。

第三章　小微企业资源禀赋的融资作用测定

在众多影响小微企业融资的因素中，小微企业资源禀赋发挥了基础性作用。因为企业融资过程中总要向放贷者展示自己偿还贷款的能力，使放贷者形成良好的还款预期，这时，企业所依赖的便是自身所拥有的资源禀赋。一家企业所拥有的资源禀赋并不单指其土地、资产等有形的资源禀赋，还有信用、技术等多方面的资源禀赋。全面来看，固定资产、流动资产、经营能力、技术等共同构成了小微企业的资源禀赋集合，那么小微企业的这个资源禀赋集合又导致了一个什么样的融资集合？在本章中，将从以下几个方面考察其对小微企业融资权利的影响。

一　小微企业有形资源禀赋的融资难度

小微企业的有形资源禀赋主要指土地、固定资产、流动资产等资产性资源禀赋，这些是小微企业融资的最直接要素，尤其是在"抵质押物"与企业信用相关联的阶段，这些资源禀赋是企业向放贷者传达信用信息的最直接因素，小微企业依靠有形资源禀赋从金融系统获得贷款的程度将反映小微企业的融资难度概况。

（一）小微企业融资有多难

小微企业对国民经济和社会发展具有重要作用，能够促进经济增长和提供就业，但小微企业发展却受到融资难的约束，小微企业

"融资难"已经成为学术界、政府和社会的共识。围绕如何解决中小企业或小微企业"融资难"的问题，已经出现了大量的研究成果。这些研究主要从小微企业融资难的原因、影响因素切入，如小微企业融资来源、银行结构、银行信贷结构等，其政策含义则是从信贷供给方面改善小微企业融资困境。但是几乎所有研究在试图解决小微企业"融资难"这一问题时都暗含了小微企业融资难的假设。

OECD 研究了中小企业或小微企业的"融资缺口"（Financial Gap），刘湘云、杜金岷和郑凌云研究了小微企业的融资能力差异，但是仍然保留或者进一步证实了中小企业或小微企业融资难这一前提假设。张庆军对小微企业融资途径进行归类研究，它可以清楚地显示小微企业从哪些途径融资较为容易、哪些途径融资较为困难，但是它仍然不能够给出融资难的程度。

一般地，衡量小微企业融资难易度或可获得性的一个指标是小微企业的融资量 M，另一个指标是小微企业融资量 M 与需求量 D 的比例，比例（M/D）大小说明小微企业融资需求的满足程度，使用这两个指标进行测量可以很清楚地说明小微企业的融资难易度，但是这两个指标也存在一定的缺陷：第一个缺陷是，对于不同规模的企业，其融资量或融资需求量差异性较大，没有整齐划一的比例说明哪家企业更合适得到最多贷款，哪家企业合适得到较小量的贷款，并且，在时间序列上，小微企业的现金流与融资需求量是不断变化的，如果拿某一固定比例的常数来衡量哪家小微企业融资状况的好坏程度是欠妥当的。第二个缺陷是，这两个指标都不能很好地显示小微企业融资的能力，因为，不同规模的小微企业、甚至相同规模的小微企业仅仅依靠融资量这一个指标无法说明哪家小微企业融资能力更强。实际上，小微企业融资难这一假设就是基于以上两个指标提出的，但作为衡量小微企业这个群体的融资状况或能力的指标是不足的。

总体上，对小微企业融资到底有多难这一问题是缺乏更加深入的研究和回答的。小微企业融资可获得性如何？怎么表达小微企业

融资可获得性? 怎么测度小微企业融资可获得性? 小微企业融资可
获得性能否测度? 以及怎样测度小微企业融资可获得性, 除了受外
部资金量的影响, 更重要的是受到小微企业融资能力的影响——吸
收资金的能力, 这种能力是影响小微企业发展的核心要素。那么,
评价或测度这种能力且反映融资难度的指标的理论基础应该是怎样
的? 基于阿玛蒂亚·森"权利视角", 通过构建小微企业融资系数
模型, 利用 4 个省份的 71 个样本企业的调研数据, 测定了小微企
业融资难度, 对上述问题作出了回答。

(二) 表达小微企业融资可获得性的融资系数界定

基于对森的权利方法的分析, 本书提出了一个小微企业融资系
数的概念, 用以测算小微企业融资可获得性。这个融资系数的概念
借鉴了经济学中"弹性"的概念, 弹性一般分为供给、需求的价格
弹性, 以此衡量某一商品的供给量或需求量对其价格变化的反映或
变化程度, 融资系数可以界定为融资量对资源禀赋变化的反映
程度。

融资系数的表达式为: $\varepsilon = \dfrac{x_i}{y}\dfrac{\delta y}{\delta x_i}$ (1), 其中 x_i 为第 i 种小微企
业资源禀赋, y 为该企业的融资量, 这里将一般价格弹性中的价格
替换为资源禀赋的量, 可以准确表达一般情况下, 小微企业融资量
对生产要素或资源禀赋的变化程度。与弹性概念相类似, 小微企业
融资系数也存在富有弹性 ($\varepsilon > 1$) 和缺乏弹性 ($0 < \varepsilon \leqslant 1$) 的
概念, 当 $\varepsilon > 1$ 时, 说明小微企业可以较容易地通过资源禀赋获取
融资, 调配资源的能力较强, 小微企业在整个经济环境中的生存能
力强, 能够对经济环境的变化迅速做出反应, 外部压力如何冲击都
不会影响小微企业的正常经营; 当 $0 < \varepsilon \leqslant 1$ 时, 小微企业通过资
源禀赋获取融资较为困难, 调配资源的能力较弱, 对于外部经济环
境的变化以及适应能力较弱, 这种企业具有脆弱性, 来自外部冲击
的压力可能导致这种企业在短期内出现经营困难, 严重的话小微企
业可能会破产。

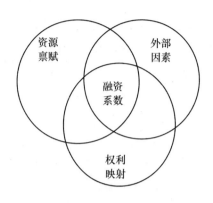

图 3 - 1　融资系数

　　小微企业融资系数既考虑了融资量，又考虑了小微企业的资源禀赋，资源禀赋完全为小微企业所有，而小微企业融资量是小微企业和外部资金供给共同决定的，因此，小微企业融资系数既有内部的决定因素，又有外部的决定因素。由于外部决定因素的复杂性，小微企业融资量的某些隐性影响因素是较难寻找的，这些因素被归类在小微企业的权利映射函数里。总体来看，小微企业融资系数是一个综合指标，它综合了小微企业资源禀赋以及将自身资源禀赋转化为融资的能力和外部环境的融资因素，融资系数是两者交叉影响的结果，能够准确反映小微企业融资可获得性，且综合反映小微企业的融资权利状况。

（三）小微企业融资系数的测度模型

　　一般地，金融机构或民间非正规借贷主要考虑土地、资产和销售收入等重要的企业资源禀赋，土地是相对稳定的企业生产要素，资产则是企业启动经营的基本要素，土地和资产是借贷者着重考察企业的因素。在传统抵质押贷款技术的情况下，土地是重要的抵押物，金融机构偏好土地抵押贷款，企业通过土地抵押较容易获得贷款；在动产抵押贷款技术发展之后，企业可以通过抵押企业动产获得贷款，金融机构着重考察企业的资产经营状况，销售收入也成为

重要的放贷观察指标，它是观察一家企业现金流变化的非常重要的
指标。随着基于现金流的放贷技术的广泛运用，销售收入对于企业
借贷也逐渐发挥了重要作用，良好的销售业绩既可以说服金融机构
发放贷款，也可以帮助小微企业从民间获得贷款。某种程度上，销
售收入能够为企业主的社会资本增添砝码，增强其从亲朋关系处获
得贷款。因此，本书主要考察土地、资产以及销售收入对小微企业
融资量的影响，并从这三种资源禀赋映射的"权利"角度来测算融
资系数。

小微企业的融资系数的双对数模型建立如下：

$$\ln y_i = \beta_0 + \beta_1 \ln x_{i,1} + \beta_2 \ln x_{i,2} + \beta_3 \ln x_{i,3} + \mu_i \qquad (3-1)$$

其中，y_i 为第 i 个小微企业的融资量，$x_{i,1}$、$x_{i,2}$ 和 $x_{i,3}$ 分别为资
产、销售收入和土地，（3 - 1）式测度小微企业融资系数，如 β_1，
为小微企业资产的融资系数，在（3 - 1）式中对 $x_{i,1}$ 求偏导可得：

$\beta_1 = \dfrac{x_{i,1}}{y_i} \dfrac{\delta y_i}{\delta x_{i,1}}$，同理可知：$\beta_2$、$\beta_3$ 为小微企业销售收入和土地的融资
系数。

融资系数所含有的信息量是丰富的，它包含了多个方面的信
息，大致上，各融资系数反映了小微企业依靠某种自有资源禀赋从
外部经济环境中获取融资的程度以及难易度，同时，融资系数给出
了小微企业融资能力的相对准确的量化的答案，这为广泛讨论的小
微企业融资问题提供了一个进一步研究的依据。

（四）模型回归结果及相关分析

此处数据为中国农业大学农村金融与投资研究中心课题组 2013
年 1 月小微企业调研数据（为了调研获取数据的完备和准确，每家
企业调研时间约在一小时），课题旨在系统研究农信社改革绩效及
其对农户和小微企业的信贷服务供给状况，调研样本分布在山东、
河南、安徽、云南。表 3 - 1 给出了小微企业基本的数据特征，根
据小微企业的划分标准，调研企业都为小微企业，其中拥有最多土
地的企业是一家农业种植企业，承包期较长，这样造成了企业土地

的平均量较大。

表 3 – 1　　　　　　　　　　　小微企业数据特征

	资产（万元）	土地（亩）	销售收入（万元）	员工（人）
最大值	3000.000	2998.501	5000.000	260.000
最小值	10.000	2.099	50.000	3.000
平均值	430.694	175.544	2287.917	78.778
标准差	576.495	522.317	1419.044	64.680

本书使用了计量分析软件 Eviews 6 对模型进行回归分析，考虑到模型可能存在的异方差问题，对模型分别进行了 white 检验，white 检验的显著性非常显著（都在 5% 水平以上显著），拒绝了模型存在异方差问题的原假设，所以模型回归结果存在异方差可能导致的偏差问题的可能性非常小，截面数据良好。

表 3 – 2　　　　　　　　　　　模型回归结果

	系数	P 值
资产	0.352 * *	0.036
销售收入	0.613	0.405
土地	0.407 * * *	0.007
R^2	0.254	
F 统计量	3.638	
white 检验显著性	0.0000	

注：* * 在 5% 水平上显著，* * * 在 1% 水平上显著

在模型中，资产和土地分别在 5% 和 1% 水平以上显著，显著性非常高，说明这两种生产要素是影响小微企业融资的重要因素，小微企业可以通过这两种生产要素从外部环境中获得贷款，而销售收入的非常不显著，说明销售收入即现金流不能成为小微企业融资

的有效工具。同时从融资系数的值来看，这些生产要素的融资系数都小于1，这说明小微企业通过这些生产要素从外部环境中获得融资的难度是较大的，可以说是"缺乏弹性"的，小微企业的融资可获得性是较低的。至少从融资这个角度来看，小微企业调配资源的能力是薄弱的，β_1、β_2、β_3 的值展示了资源禀赋缺乏融资弹性，资源在对外融资上发挥的作用是有限的，小微企业利用资源禀赋调配资源的能力薄弱，从这一点出发也可以解释为什么当出现经济周期的波动时，小微企业容易受到冲击，同时也可以解释为什么在"银根紧缩"时期，小微企业融资更加困难。

资产的融资系数为0.352，显著性水平非常高，说明资产在小微企业融资中仍然发挥了非常重要的作用。这分别表现为直接作用和间接作用，资产是衡量企业实力、偿还能力的重要标准，无论是小微企业从正规金融机构获取融资，还是非正规金融市场获取融资都具有直接作用。同时资产对小微企业融资也发挥着非常重要的间接作用，也就是说金融机构对小微企业放贷时，资产并不一定是首要考虑的因素（小微企业的资产变现能力较差），但是资产对小微企业融资可能发挥着重要的间接作用，这种作用表现在资产是小微企业设立、发展的基础，小微企业要依靠其资产从外部环境中获取各种资源。

销售收入的融资系数为0.613，P值为0.405，非常不显著，说明销售收入对于小微企业融资的作用并不显著，对小微企业融资的作用并不大。由于融资系数是小微企业内外因素共同决定的，销售收入不显著，说明企业现金流对于放贷机构来说意义仍然不大，尽管在所调研省份中的金融机构在推行信贷技术创新，但从这一点来看，远远没有达到增加小微企业融资工具的目的，表明金融环境仍然缺乏对小微企业放贷风险以及偿还预期的有效评价能力。

土地融资系数为0.407，P值为0.007，显著性水平非常高，说明土地要素在小微企业融资中仍然发挥着很重要的作用。土地融资系数大于资产融资系数，说明土地在小微企业融资中的作用大于其他两种资源禀赋，也就是说土地能够帮助小微企业获得融资，土地是企业构建融资能力的关键要素。这个事实表明至少在 2012 年小微企业融资仍然是依赖土地要素的，在信贷市场上，尽管新型的小额信贷技术已经有了较大的发展，对金融机构来说，土地仍是非常重要的抵质押物，土地仍然发挥着"硬通货"的作用。

可以预见的是，假设其他所有条件不变，即使是金融机构增多、经济运行中的货币量大幅增加，在信贷技术创新不足的情况下，小微企业融资难的问题仍然难以解决。

以上对回归结果的分析既反映了小微企业从经济环境中调配资金的难度较大，也反映了其调配资金的能力较低，小微企业融资可获得性较低，也表明小微企业应对外部经济环境冲击的能力是较差的。可以预期，当冲击发生时，小微企业几乎是难以抵御的，融资系数甚至可能进一步降低。由此可以看出，金融系统看重土地、资产等抵质押物，导致小微企业融资权利处于一个较低的水平，而小微企业又普遍缺乏抵质押物，小微企业的融资可获得性较低。

（五）小结

这一节在借鉴阿玛蒂亚·森的"权利"概念的基础上，从需求角度对小微企业融资问题进行了研究。通过建立融资系数的概念对小微企业融资可获得性进行了分析，融资系数测度的结果表明小微企业融资困难是存在的，并且小微企业通过自有资源禀赋获取融资的能力是较弱的，融资系数结果说明小微企业融资的困难既来自外部，也源于内部。

1. 小微企业融资面临某种结构性的障碍

尽管农信社系统改革、金融体制改革在不断推进，尤其是从 2007 年开始，除了中小商业银行，各种新型小微金融机构也不断产生、发展，但是资产、销售收入、土地融资系数说明小微企业通过这些资源禀赋获取融资的数量是有限的。同时，资产、销售收入和土地融资系数的差异也反映出小微企业融资需求的能力具有结构性特征，证明了这种融资需求能力结构是存在的，并且融资系数反映出的融资能力结构阻碍了小微企业去获取融资，融资系数非常低，这反映出小微企业融资权利映射中存在了大量障碍性因素，这些障碍性因素阻碍了小微企业利用自有资源禀赋获取融资。应该意识到，这些阻碍性因素不仅来自金融系统，还可能包含了更广泛、深刻的社会系统的因素。

从小微企业融资的权利角度出发，小微企业融资权利映射系统的改善是比增加信贷市场更为关键的策略，因为较差的或失灵的映射系统不能够自动发挥将资金导向小微企业的功能，这会使增加信贷量的政策大打折扣。当然，小微企业融资权利映射系统的改善是一个复杂的系统工程，它需要多方面政策的协作与配合，且是长期的。

小微企业融资系数从微观角度深刻地反映了经济增长处在某一阶段的特征，也就是说小微企业融资系数可能会随着经济增长而发生变化，言外之意，小微企业利用自有资源禀赋或生产要素交换货币资源的能力是一种系统性、阶段性的能力，它只能遵循整体的经济发展规律而逐渐改善，小微企业融资问题的改善是一个系统工程；而且，值得注意的是小微企业融资系数小于1，而且小于0.5，这从侧面反映了中国金融仍然处在"金融浅层"。因此，要彻底改善小微企业融资状况，需要协同配套的土地、产权等要素市场改革，使这些要素市场活跃，生产要素流动性提高将提高小微企业融资可获得性。当然，"金融深化"是一条更需要走的、更为长远的道路。

2. 融资系数低说明促进小微企业融资可获得性提高的货币政策可能是低效的

小微企业迫于阻碍性因素的约束，其融资量并不能与整个信贷资金量同比例增长，即使整个经济系统流动性非常充裕，也不会有更多资金到达小微企业，小微企业融资可获得性也可能得不到改善，某种意义上这证明了货币政策的局限性，致力于小微企业信贷资金量扩张的政策极有可能是无效的，或者作用是极为有限的。急速扩张的货币量可能会导致严重的通货膨胀问题，但却不能改善小微企业的融资问题，小微企业生存的经济环境的变化甚至可能促使小微企业融资系数的变化——其生产要素与经济体中的货币量的均衡被打破了。

因此，小微企业融资行为不是简单的资金交易行为，融资的能力结构的差异是研究小微企业融资问题一个更深层次、更需要关注的问题，它还暗含了这样两层意思：第一，同一家小微企业从不同融资途径获取同量贷款的能力是不一样的；第二，不同小微企业从不同融资途径获取同量贷款的能力是不一样的。所以，这就导致了在现实中，小微企业的融资来源差异是非常大的，甚至这种差异极有可能表现为地理区域上的显著差异。那么，政策含义就是统一的货币政策是缺乏效率的。

3. 融资系数能够帮助金融机构观察小微企业融资状况

对于金融机构来说，将公式变换为 $\varepsilon_t = \dfrac{y_t - y_{t-1}}{x_t - x_{t-1}} \dfrac{x_t}{y_t}$，其中 x_t 为某小微企业所有资源禀赋第 t 期的总市场价值，ε_t 为该小微企业第 t 期的融资系数，金融机构可以根据具体情况设定时期 t，小微企业融资系数将为其提供观察小微企业融资能力的新的指标，融资系数的变化将动态地呈现小微企业的融资能力，通过设定某一指标区间，可以帮助金融机构挑选小微企业客户，也可以较好地动态监督已贷款客户，起到警诫作用，当然，这一点对小微企业融资的自我监督同样具有意义。

二　小微企业生产经营能力融资作用测定

（一）小微企业生产能力对融资影响问题的提出

在上一节中探讨、分析了小微企业通过有形资源禀赋的难度，给出了小微企业融资难的程度，以及其他引申的含义和结论，表明小微企业融资确实难。"融资难"是小微企业发展面临的最大困境，围绕如何解决中小企业或小微企业"融资难"的问题，学者们提出了不同见解。一是认为应该通过改革金融机构来解决中小企业融资难问题，如发展民间金融和改革金融体制来解决中小企业融资难问题（樊纲，2000），有人提出"大力发展和完善中小金融机构是解决我国中小企业融资难问题的根本出路"（林毅夫、李永军，2001），也有人提出增加中小金融机构，改变银行结构可以提高中小企业信贷（李志赟，2002）；二是认为可以通过"融资制度创新"提高中小企业融资力来解决融资难问题（刘湘云等，2003）；三是认为可以通过建立征信系统，优化信用环境，促进企业信用合作缓解融资缺口（徐洪水，2001）；四是认为可以通过供应链金融的融资模式解决中小企业融资困难的问题（闫俊宏、许祥秦，2007）。

以上研究基本都是从金融体制改革的角度出发的，这些研究的目标通常是改善小微企业资金供给状况，增加供给，但是也忽略了小微企业作为市场主体的能动性，即小微企业运用自身资源禀赋去获取融资，而不是消极等待信贷资金供给增加，它忽略了这个重要的微观角度，忽略了小微企业融资的微观基础，可能导致其相应政策的无效或低效。因此，只有从微观角度研究小微企业融资可获得性的因素才能为政策制定提供相对可靠的依据。

从小微企业自有资源禀赋研究其融资问题属于微观视角，但对于小微企业来说，并不是简单地将一种资源禀赋交换为另一种资源禀赋，小微企业的交换要经过一个生产的过程，小微企业在使用资源禀赋时会产生生产效率的问题，生产效率反映了小微企业运用资源禀赋的优化程度。尽管资源禀赋是小微企业获取融资的重要因素，但生产效率是比资源禀赋更为深刻的原因，它不但反映了小微企业生产的优化程度，更包含了企业的管理、技术、竞争力以及规模等多方面的难以量化描述的重要融资因素，生产效率深刻地包含和反映了小微企业的生产经营能力。因此，研究生产效率对小微企业融资可获得性的影响比单纯从有形资源禀赋角度更深入了一些，也更进一步地研究小微企业资源禀赋对小微企业融资权利的影响。

那么，小微企业的生产效率对其融资可获得性又有怎样的影响？是否效率高的企业就能够获得更多的融资？哪种效率会提高小微企业的融资可获得性？小微企业应该如何应对？金融机构应该从哪些方面做出改进？金融创新应该从哪些方面出发？在此使用生产效率来作为小微企业生产经营能力的代理变量，通过使用小微企业的调研数据（与上节数据相同），构建相应的计量模型，回答上述问题。

（二）小微企业生产效率的测定

1. 小微企业生产效率测定模型

小微企业通常被视作是具有"船小好掉头"等灵活性特点的典型企业，规模小且易于调整，但这些只是小微企业生产效率的外在表现，而不是实际的生产效率，已经有大量的关于企业生产效率的研究成果（刘小玄、郑京海，1998；刘小玄，2000；白雪洁、戴小辉，2006；刘小玄、李双杰，2008；刘瑞明、石磊，2010；吴延兵，2012），但小微企业生产效率的研究是缺乏的。DEA 方法是测度生产单位生产效率的非参数方法，已经在很多领域被广泛使用，很多学者使用 DEA 方法对企业的生产效率进行了研究（白雪洁、戴小辉，2006；宫俊涛、孙林岩、李刚，2008；李春顶，2009；陈静、雷厉，2010）。本书使用不变规模报酬的 CRS – DEA 模型和可变规模报酬的 VRS – DEA 模型分别测度小微企业的生产效率（PE）和纯技术效率（PTE），在此基础上得到规模效率（SE，SE = PE/PTE），PE 是综合生产效率，本书侧重分析技术效率（PTE）和规模效率（SE）在小微企业融资中发挥的作用，因此不对 PE 进行考察。

CRS – DEA 模型如下所示：

$$\min \left[\theta - \varepsilon (e^T S^- + e^T S^+) \right] = PE$$

$$\sum_{i=1}^{i} X_i \cdot \lambda_i + S^- = \theta \cdot X_{i\,0}$$

$$s.\,t. \qquad \sum_{i=1}^{n} Y_i \cdot \lambda_i - S^+ = Y_0$$

$$\lambda_i \geqslant 0,\ i = 1,2,\cdots,n; S^+, S^- \geqslant 0$$

X_i 表示第 i 家小微企业的投入指标向量，Y_i 表示第 i 家小微企业产出指标向量，K_i 为第 i 家小微企业被赋予的权重，S^- 和 S^+ 为松弛变量向量，e^T 和 e^T 分别为单位向量。PE 为生产效率。

2. 小微企业生产效率状况

由于 DEA 方法是针对同质性较强的生产单位进行生产效率测算，为了排除异质性问题，本书将小微企业按照制造业、商业、农业企业进行划分，划分为三组进行测算。

从小微企业的生产效率 PE 来看，达到最优生产效率的企业仅占总样本的 30.56%，这说明多数小微企业的生产效率是不高的，达到技术效率（PTE = 1）最优的小微企业占总样本的 66.17%，规模最优（SE = 1）的小微企业占总样本的 33.33%。显然，小微企业并没有给出如大众一般印象中那样的绩效表现，小微企业在使用资源禀赋转换为另一种物品上并不具有那么高的优越性，因而"船小好掉头"——企业的灵活调整恐怕也并非易事。

PTE 的平均值为 0.5199，低于最优效率值，从 PTE 的结果来看，小微企业显然不具备某种"灵活"或"富有弹性"的优势。这客观反映出了小微企业内部管理技术、制度存在很多不足，这些缺陷容易造成小微企业的脆弱性，这也能够解释为什么小微企业一般生命周期极为短暂，来自市场需求的波动或经济衰退的冲击，能够在极短的时间内使小微企业生存环境恶化，由于小微企业并不"富有弹性"——小微企业经营结构调整成本可能非常高，非常容易使小微企业陷入困境。

小微企业 SE 的平均值为 0.4989，低于最优效率值，实际上，小微企业自身不具备规模优势，而从规模效率值来看，加强了这一点，但是从理论上来看，小微企业发展存在着潜在的规模收益递增，小微企业具有潜在的增长空间，通过增加规模可以优化生产过程，这就有赖于外部资源的利用。

小微企业技术与规模效率双重低下，这不但证明了小微企业自身存在诸多不足，也说明了小微企业无论是从管理制度、技术到规模选择都存在很大的帕累托改进。由于多数小微企业属于家族企业或个人直接控制，企业兴衰几乎完全依赖于个人才能，再考虑到企业经营中的道德风险或委托—代理问题，这几乎是小微企业在资产规模小的情况下的最优制度选择，但同时也是小微企业发展的障碍。小微企业的非社会化可能是造成小微企业发展局限的内在原因，但小微企业的社会化仍然是一个值得深入研究的问题，它将使小微企业在社会化与家族经营中作出选择。

（三）小微企业生产效率对其融资可获得性影响的测定

1. 小微企业生产效率对其融资可获得性影响模型

构造小微企业生产效率对融资影响的回归方程形式如下：

$$\ln lo_i = \beta_0 + \beta_1 pte_i + \beta_2 se_i + \varepsilon_i \tag{3-2}$$

$$lo_i = \beta_0 + \beta_1 pte_i + \beta_2 se_i + \beta_3 pte_i^2 + \beta_4 se_i^2 + \varepsilon_i \tag{3-3}$$

其中，lo_i 为第 i 家小微企业获得的融资额度，pte_i 和 se_i 为第 i 家企业的技术效率和规模效率，ε_i 为残差。（3-2）式测度效率对融资的影响，（3-3）式中加入了两种效率的平方项，（3-3）式中的平方项用以测度技术效率和规模效率对小微企业融资的边际影响，即在现有金融系统的假设下效率对融资具有边际递减效应还是边际递增效应，边际递增效应意味着企业的某一效率越增长，就会得到更多的融资，融资更容易，可获得性是提高的，边际递减效应则与之相反。

通过将效率因素纳入小微企业融资模型，考察生产效率对小微企业可获得性的影响程度，从而考察小微企业将资源禀赋使用到何种程度能够引致融资，而不仅仅是将小微企业的融资行为视为一种资源禀赋对另一种资源禀赋的交换，对于小微企业来说，生产过程发挥了更为关键的作用。所以为了剔除小微企业其他资源禀赋对融资的影响，本书使用工具变量法将资源禀赋的影响剔除，将小微企业土地（拥有土地使用权，k_1）、资产（k_2）、年销售（k_3）收入作为工具变量放入（3-1）式中，使用两阶段最小二乘法进行回归，这样小微企业生产效率对融资的影响就会显现出来。

2. 模型回归结果及分析

本书使用 Eviews 6.0 对模型进行估计，其中对方程（3-3）进行 OLS 回归估计，对估计方程（3-2）首先进行 OLS 回归，然后再加入三个工具变量（k_1、k_2、k_3）后进行 TSLS 估计，这样就可以剥离资源禀赋对融资的影响，较为准确地估计生产效率对融资的影响。这样就产生三个回归结果，分别为模型 1（方程 1）、模型 2（TSLS 估计后的方程 1）和模型 3（方程 2），模型回归结果如表 3-3 所示。

表 3-3　　　　　　　　　　　模型回归结果

变量	模型 1		模型 2		模型 3	
	系数	标准差	系数	标准差	系数	标准差
$b\beta^0$	7.271	1.006	8.629	3.094	1113.971	1430.498
$b\beta^1$	-1.609	1.105	-6.712	4.541	-1227.441	4745.368
$b\beta^2$	0.086	0.722	4.195*	2.208	1056.573	1647.035
$b\beta^3$	—	—	—	—	385.617	3213.473
$b\beta^4$	—	—	—	—	-813.546	1409.936
R^2	0.063		-0.7914		0.084	

注：＊在10%水平上显著。

小微企业技术效率对融资可获得性的影响是有限的。在模型 1 中，小微企业技术效率（PTE）对融资的影响为负，在剔除了土地、销售收入、资产等资源禀赋的影响之后（模型 2），技术效率的影响仍然不显著，且仍然为负，数值变小，这说明在现实的经济环境中小微企业技术效率对融资可获得性的影响是不显著的，对小微企业融资不能发挥作用。这样造成的结果是即便经营绩效良好、效率高的小微企业也不能获得其所需要的融资，在现有经济条件下小微企业的管理、技术进步等效率提高并不能为小微企业赢得金融机构的青睐，不能帮助小微企业改善融资状况。

造成这种情况的原因在前面的理论分析中已经有所涉及，小微企业技术效率对融资的影响不显著反证了前面分析中涉及的情况，小微企业周围的金融环境或几乎大部分的金融机构对技术效率高的小微企业没有偏好，这并不是说金融机构不想知道、不想把贷款放给那些有发展潜力的小微企业，而是金融机构对小微企业的技术效率并不敏感，一个更为深入的原因或者可能是金融机构缺乏观察、衡量小微企业技术效率的信贷技术；或者金融机构还没有意识到要发展这样一种技术，这就造成了一种小微企业与金融机构之间的隔绝——信息不对称，从而导致信贷市场的效率损失，存在帕累托改进的空间。

小微企业的规模效率对融资具有显著影响。在模型 1 中，小微企业的规模效率 SE 对融资的影响非常显著，并且在剔除资源禀赋的影响之后小微企业的规模效率对融资的影响显著提高且在 10% 的水平上显著，同时系数由模型 1 中的 0.086 提高到模型 2 中的 4.195，这说明规模、资产因素在小微企业融资过程中发挥着非常重要的作用，规模效率系数的含义为：在现有经济条件下，当小微企业的规模效率提高一个单位时，小微企业融资将提高约 4.2%。与理论分析相应的是，金融机构偏好规模较大的小微企业，通过资产质量来筛选客户，那些规模较大、资产质量高的小微企业将更容易获得贷款。

小微企业规模效率对融资具有显著影响反映出：金融机构的放贷技术仍然停留在粗浅的表层，而资产、规模等因素具有最直接的作用，偏好抵质押物的信贷技术仍然发挥着重要的影响力，信贷技术并没有随着金融机构的多元化而继续深化、创新（尽管已经有很多地区或很多机构已经在不断推动信贷技术的创新，但至少在地理上、理念上、制度设计上这种创新行为并不是全面开展的），从而达到普遍惠及小微企业客户的目的，这对于普遍缺乏抵质押担保品的小微企业来说，融资可获得性并没有得到改善。

可以断定的是，金融机构对小微企业放贷仍然处在偏好资产与规模的阶段，即 $\frac{\delta C_{i,k}}{\delta \mathrm{PTE}} < \frac{\delta C_{i,k}}{\delta \mathrm{SE}}$ 时，$i = 1, 2, 3, \cdots, n$，$k = 1, 2, 3, \cdots, n$，信贷技术偏重资产，规模更是显而易见的放贷考察标准，处在这一阶段的信贷技术并不能有效识别具有发展潜力、技术效率高的

小微企业，与其说信贷技术的整体提升存在成本因素，不如说金融机构对信贷技术的改进、创新仍然存在惰性，对传统的易于操作的信贷技术仍然存在制度上的路径依赖。这也显示了金融系统仍然缺乏弹性，且趋向于规避风险，面对多样化的小微企业客户需求仍然无法满足，不能有效地进一步拓展市场，经济增长因素被抑制，经济没有达到最优均衡点。

另外，在模型3中，技术效率平方项系数为正，而规模效率平方项系数为负，那么，在未来的一段时期内，小微企业技术效率对融资的影响是边际递增的，而规模效率对融资的影响是边际递减的，这也可能是未来金融系统变化将要遵循的方向。它暗含了金融系统信贷技术在未来将会得到改善，更加注重考察小微企业的技术效率，注重小微企业发展的内涵，依靠规模、资产识别的信贷技术将逐渐淡出，金融机构更富于弹性，业务种类多样化，能够更好地惠及小微客户，经济在金融系统优化的过程中将逐渐趋向于最优均衡点。

（四）小结

在这一节，将小微企业的技术效率与生产效率纳入小微企业融资可获得性的研究，通过模型回归分析可以发现：在现有金融系统的条件下，小微企业的技术效率对其融资没有显著影响，即小微企业在制度、管理以及技术等方面的效率并不能被金融机构信贷技术所识别，而显而易见的企业资产、规模等效率因素对小微企业融资的影响却非常显著，这说明金融机构仍然偏好规模、资产等资源禀赋。金融机构仍然倾向于抵质押物放贷，金融系统的这一偏好不利于小微企业融资可获得性的提高，这抑制了经济增长潜力的释放。

其相应的政策含义是信贷技术的创新、推广是解决小微企业融资难问题的关键所在，使更多的金融机构能够在放贷过程中甄别小微企业的经营能力，使小微企业融资途径得到拓展，这有赖于金融机构自身激励的启动以及制度的改变，新的信贷技术传播将有利于系统性地转变小微企业融资困境，从而改善小微企业的融资权利，这就能够挖掘出更多有发展潜力的小微企业，释放经济增长潜力，促进经济增长。

三　小微企业技术要素的融资作用测定

（一）技术要素融资

著名的管理学家钱德勒（2004）在其著作《大企业和国民财富》中论证了大企业在国民财富积累和经济增长的重要作用。但随着网络时代的到来，信息化程度和科技水平不断提高，科技因素成为经济增长的活跃因素，小微企业在国民经济中占有了越来越重要的位置，借助科技要素，某些小微企业可以在极短时间内迅速成长起来，成为经济增长的潜在动力，这就超越了人们普遍认为小微企业只提供就业和工业产值贡献的观念，那些活跃在新兴经济领域并具有重大影响力的企业就是这方面的典型——由过去的小微企业迅速成长为该领域的巨头，因此，科技型小微企业在经济发展中扮演了越来越重要的角色。

但是由于小微企业成长潜力对于银行机构或其他放贷者来说，仍然存在很多不确定性因素，小微企业获取贷款仍然比较困难，小微企业"贷款难"是一个不争的事实，这也是整个社会的共识。一般情况下，小微企业是缺乏"抵质押物"的，正规金融机构要求抵质押物无疑降低了小微企业融资可获得性，而对于科技型小微企业来说，情况可能更为严重，相对于其他制造业或者商业类型的小微企业来说，科技型小微企业在"抵质押物"方面则更加缺乏，因为一般的制造业小微企业可能拥有不小的土地使用权，或者可观的、容易变现的动产、机器设备等。技术、专利权等是科技型小微企业的核心生产要素，在实现大规模盈利之前，其不确定性很大，存在一定的风险，对于金融机构来说，判断企业增长潜力也存在较大的困难，并且，对技术、专利权的评估也存在很大的难度，这是科技型小微企业融资的结构性障碍。

那么，科技要素作为科技型小微企业生产经营中的一种重要资源禀赋，在帮助小微企业获取融资方面到底发挥了多大的作用？这取决于金融机构对科技要素融资的认识和风险评估水平，也取决于其他的社会经济复杂因素。因为企业融资途径是多元化的，并不只是从银行等正规金融机构获取融资，尤其是随着金融机构多元化的发展，科技型小微企业甚至还可以引入投资基金来解决融资问题。

再进一步地研究，哪种要素有助于科技型小微企业提高融资可获得性？哪种科技要素有助于小微企业从哪种融资途径获得较多的融资——融资可获得性较大？对这些问题的解答将有助于解释在科技型小微企业融资结构形成中科技要素所发挥的作用，并且也可以从中发现小微企业从哪些途径通过科技要素获取融资比较容易，哪些融资途径会更青睐科技要素。这一节将通过使用科技部农村中心调研的173家农业科技企业数据，运用有序 Probit 模型对农业科技企业科技要素在融资中发挥的作用进行分析，从而回答上述问题。

（二）研究假说和理论模型

1. 研究假说

科技要素是科技型小微企业的核心生产要素，可以假设放贷者在一定程度上能够认识到科技要素的潜在价值，但不能获取科技要素未来的全部价值知识，借贷者依据其认识作出是否放贷的判断，不同融资途径的放贷者对科技要素的认识存在一定的差异，有的放贷者会对科技要素作出积极评价，有较高期望，企业可以获得融资，而有的放贷者则会认为放贷风险较大，拒绝发放贷款，这样就导致了企业不同的融资结构，因此，银行融资、民间借贷、内部融资、股权融资是存在差异的，基于这种差异，可以有如下假说：

假说一：科技要素对小微企业从银行获取融资作用不明显，资本要素对小微企业从银行获取融资作用明显，且有正向影响。科技型小微企业的生产过程一般是经历了技术研发到投入市场的过程，将技术转化为产品，这个过程充满了不确定性，对银行来说具有较大的风险。因此，银行等正规金融机构由于重视"抵质押物"倾向于拒绝这种贷款申请，而更偏好抵质押物贷款，资本充足、资产较大的小微企业可以通过资产因素获得贷款。

假说二：科技要素对小微企业从民间融资作用不明显，而企业的经营时间长短对小微企业从民间获取融资具有重要作用。由于民间融资——私人借贷往往是个人之间的借贷，个人之间的契约关系，对于一项技术的市场潜力，个人是没有实力或能力作出准确评估的，而一家企业经营时间却可能成为私人借贷信用的重要判断标准。

假说三：科技要素对小微企业通过内源融资作用显著。小微企业内部员工具有信息优势，比外部人更加了解企业技术的科技前景，小微企业如果通过内部融资，会得到迅速的响应，企业通过内部融资，配以相应的利润分配安排，从内部融资是相对容易的。

假说四：科技要素对小微企业通过股权融资具有正向影响。股权融资本质上与风险投资是相同的，股权投资者一般追求高利润，在风险识别方面具有更高的技术，能够对某一项技术的市场潜力作出相对准确的判断，专业能力较强，小微企业通过股权转让、分成的方法可以获得一部分融资。

2. 理论模型

模型因变量分别选择了银行贷款占总贷款比、民间融资占总贷款比、内源融资占总贷款比和股权融资占总贷款比，将占比划分为三个层次：≤50%、50%—80%、80%—100%，由于因变量属于分类有序变量，因此使用有序 Probit 模型进行估计。

傅新红等人（2010）使用有序 Probit 在研究农业科技特派员从事特派员工作意愿时，将工作意愿划分为五个层次，本书也将贷款比划分了不同层次，假设某一贷款比为 $y*$，$y*$ 在这三个层次下可以分别为 1、2、3，将企业不同融资途径的融资程度进行划分，分割开，即：

$$Y = \begin{cases} 3; & \text{如果}\ 80\% < y* \leqslant 100\% \\ 2; & \text{如果}\ 50\% < y* \leqslant 80\% \\ 1; & \text{如果}\ 0\% \leqslant y* \leqslant 50\% \end{cases}$$

假设小微企业影响不同途径融资比例的自变量为 x，则 $y = 1$，2，3 的概率分别为：

Prob. $(y = 1 \mid X) = \Phi(0.5 - \beta'X)$

Prob. $(y = 2 \mid X) = \Phi(0.8 - \beta'X) - \Phi(0.5 - \beta'X)$

Prob. $(y = 3 \mid X) = \Phi(1 - \beta'X) - \Phi(0.8 - \beta'X)$

Φ 为标准正态分布的累积密度函数，参数估计采用极大似然估计法。本书研究小微企业银行、民间、内源、股权四种融资途径，并且，分别设定这四种融资途径的融资比例为三个层次，研究科技要素在这四种融资途径中发挥的作用。因此，共有四个模型对应四种不同融资途径。

（三）数据来源与变量说明

1. 数据来源

本书数据来源科技部农村研究中心"农业科技金融发展机制与运行模式研究"课题调研数据，采用问卷调查方式，调研企业均为农业科技企业，分布在全国各个省份，共 203 家企业（这里不再一一说明各个省份的样本数量），剔除无效问卷，共 173 份有效调查问卷。

从统计结果来看，银行融资、内源融资、民间融资、股权融资分别占融资总额的 45.11%、40.9%、2.34%、11.65%，有的企业同时使用两种或者几种融资途径，有的企业只使用单一某种融资途径，从这个结果来看，银行融资仍然占最大比例，民间融资占比较低，这说明小微企业通过科技要素从民间获取融资是比较困难的，虽然银行融资占最大比例，但是不能认为企业可以通过科技要素从银行获取融资，这需要模型进一步地分析。

2. 影响因素及变量设定

影响小微企业从不同途径获取融资以及获取融资比例的因素有

很多，总体来看，可以分为三种影响因素：

（1）资本因素。资本是企业运营的基础，资本实力决定了企业的科研投入以及科技实力。这里的资本因素选用了企业的注册资本，在企业融资过程中，资本因素会使放贷者产生最直接的预期，资本因素决定了企业的规模，放贷者会根据资本实力评估企业的放贷风险和偿还能力，进而决定放贷金额。

（2）科技要素。科技要素对企业融资的影响是本书要研究的核心内容，科技要素在企业融资过程中到底发挥了多大的作用，对哪种融资途径影响更显著，是否在正规金融机构重视"抵质押物"的情况下，企业的科技要素不能够发挥融资作用？这是本书要回答的问题。在回答这个问题时，在正规金融机构重视"抵质押物"的情况下，人们很容易陷入一种简单的判断——通过科技要素融资是不能实现的，这个答案无异于直接否定了进一步研究的必要性，这也抑制了科技型小微企业利用其核心生产要素——科技要素进一步拓展其融资途径的积极性和可能性，容易陷入悲观主义，这对小微企业发展是不利的。

科技要素选取了企业科研人员占总体员工比例、2012年科研投入和企业从成立以来平均每年用于购买科技专利、技术的投入作为自变量，科研人员占比代表了企业科研资源的分配以及科研实力。2012年科研投入表示最近一年（短期）的科研投入量，而企业从成立以来平均每年用于购买技术的投入量作为企业长期的科研投入量，是一个科研要素的长期投入指标，能够显示企业长期的科研投入状况。

（3）时间因素。一家企业经营时间的长短不但显示了企业的经营状况，而且显示了企业所能掌控的资源，也能够显示企业对其社区、行业的影响，对于放贷者来说，一家经营时间越长的小微企业其经营和现金流就越稳定，发挥了一种信号的作用，但是时间因素对企业融资途径的选择的影响程度到底有多大还需要进一步的量化与实证研究，因此，有必要选取时间因素作为重要变量来研究。

（四）模型估计与结果分析

本书使用 Stata 12.0 统计软件，对数据进行有序 Probit 回归，得到的回归系数及检验结果如表 1 所示。从表 5 – 1 中可以看出，模型 1、模型 3、模型 4 显著性非常高，说明模型整体拟合效果非常好，只有模型 3 整体拟合较低、拟合较差，导致这种情况的原因应该与小微企业通过科技要素从民间融资比较少有关，但从模型各要素系数来看比较符合预期。

1. 资本因素

资本要素在银行融资中发挥了非常显著的作用，显著性水平在 5% 以上且系数为正，这说明小微企业在从银行融资过程中资本因素是银行机构非常看重的放贷指标。而资本因素在民间融资、内源融资和股权融资中都没有发挥很显著的作用，这说明小微企业从这些途径融资中，资本要素不是放贷者最为关心的要素，相比较而言，银行更为重视资本因素。这证实了假说一中资本要素在银行融资中的作用，也证实了银行重视"抵质押物"的倾向较大。

2. 科研人员占比因素

科研人员占比变量在银行融资中显著为负，显著性水平在 1% 以上，这进一步加强了科技要素在小微企业从正规金融机构获取融资的副作用，科研人员占比是企业资源分配的重要指标，小微企业在缺乏充足的硬资产时，其技术以及市场价值在银行看来是存在风险的，也就是说，企业在科研方面进行越多的投入，银行对其风险期望就越高。科研人员占比变量在民间融资时的作用不显著，在内部融资和股权融资中的作用显著，并且，在内部融资模型中显著性水平为 0.028，而在股权融资模型中显著性水平为 0.05，科研人员占比在内源融资中发挥的作用要比股权融资中发挥的作用更为显著，说明小微企业的科研实力越高，就越容易获得内部员工或者投资者的青睐，内部员工则更为熟悉和认可，因此，就越容易通过内部融资或股权获得融资。

表 3 - 4　　　　　　　　　　有序 Probit 回归结果

解释变量	模型 1		模型 2		模型 3		模型 4	
	系数	p 值	系数	p 值	系数	p 值	系数	p 值
注册资本	9.55E - 06 * *	0.044	- 0.00029	0.141	- 0.00003	0.146	2.65E - 06	0.86
科研人员占比	- 0.01369 * * *	0.007	0.0071	0.496	0.01035 * *	0.028	0.01239 *	0.05
2012 年科研投入	- 0.00014 * * *	0.008	0.00017	0.818	0.00016 *	0.099	0.00015 * *	0.04
平均每年购买科技成果投入	0.00007	0.246	0.00022	0.118	- 0.00003	0.428	- 0.00172	0.2
企业成立年限	0.01892 * * *	0.0027	0.0424 * *	0.027	- 0.02095 * *	0.038	- 0.06715 * *	0.038
对数似然比	- 123.8952		- 23.18571		- 175.35135		- 38.0867	
LRc2	20.46		6.9		12.75		22.06	
Prob > c2	0.001		0.1076		0.0354		0.0005	

注：＊＊＊、＊＊和＊分别表示在 1%、5% 和 10% 的水平上显著。

3. 2012 年科研投入

2012 年科研投入在银行融资中显著为负，产生这种作用的原因和机制与科研人员占比是基本相同的。在银行机构看来，科研投入是一种风险，而非收益，假说二得到验证。2012 年科研投入变量在民间融资中没有显著作用，内源融资和股权融资显著，显著为正，这说明企业内部人员和投资者更容易获得企业技术、专利市场前景的信息，假说三、假说四得到验证，2012 年科研投入在内源融资中的系数为 0.00016，在股权融资中的系数为

0.00015，略微大于股权融资，说明企业内部人员能够掌握比投资者更为丰富的信息量，投资倾向则更为明显，如果企业设计出内源融资可以转化为股权投资的机制后，则内源融资和股权融资的边界就非常容易被突破。2012 年科研投入为企业的短期投入变量，是对市场变动的快速反应，如果投资者预期企业能够抓住市场机遇，那么投资就会比较积极，企业通过内源融资和股权融资获取资金就相对容易。

4. 平均每年购买科技成果投入

平均每年购买科技成果投入是企业科研投入的长期变量，它显示了企业长期以来在科研方面投入的力度，但是该变量无论在哪一种融资途径中作用都不显著，长期的科技要素并不能够成为科技型小微企业获取融资的有力工具。造成这种状况的原因极可能与企业的科研投资行为有关，即科技型小微企业的生产结构可能更加偏向于跟踪市场变化，对于长期投资某一项技术并不敏感；也可能与投资者重视短期快速收益、规避风险有关。这表明包括银行等正规金融机构在内，整个金融系统对科技型小微企业的长期科研投入并不敏感，缺乏长远的投资眼光，短期利益追求行为是普遍的。这不利于科技型小微企业核心竞争力的形成，不利于创新和新经济增长点的产生，这种情况的转变需要较长一段时间的政策引导和培育。

5. 企业成立年限

企业成立年限是重要的时间因素，它对企业的发展具有重要的累积效应，经营时间越长的企业在其社区和行业就越有影响力，声誉是企业长期经营的副产品，这对放贷者来说是一个重要的信号，放贷者以此形成期望。并且，时间还是企业积累技术、研发实力积累的重要变量，因此时间因素在四个模型中的作用都是非常显著的。差异在于，时间因素在模型 1 和模型 2 中系数为正，而在模型 3 和模型 4 中系数为负，这说明企业成立时间越长，积累越大，则资本实力越强，企业架构越加稳定，核心管理人员和科研人员相对固化，就越不希望利润分成，对投资融资需求并不强，而只需求债务融资，这反映了企业的融资需求偏好。所以，内源融资和股权融资显著，是因为投资者对经营时间越长的科技型小微企业有较强的信任，有稳定的投资收益预期，投资愿望就会较强。但是，由于企业实力已经有所积累，不再希望引入新的股份瓜分核心技术收益，所以企业经营达到一定年限后，就开始减少投资融资以防止核心技术的过多收益分配，这就导致了系数为负。

6. 科技要素在不同融资模型中作用的比较

将这四个模型对比可以发现，银行融资最重视资本要素，银行放贷对"抵质押物"的依赖在短时间内是难以改变的，而在其他三个融资模型中，资本要素的作用并不显著。同时，科技要素在银行融资模型中显著为负，这说明了科技要素投入在正规金融系统看来是风险的代表，而不是潜在收益。尽管无抵质押物的信贷技术已经得到广泛推广，但这对改变银行这一偏好来说作用并不大，显然，银行放贷对资产具有严重的路径依赖，在短时间内是难以改变的，假说一得到验证。

民间融资的重要因素则是时间因素所代表的信用因素，信用代表了企业长期的收益稳定性，信任仍然是民间借贷最为看重的要素，而且，民间融资对企业的科技要素并不敏感，假说二得到验证，这就导致了民间放贷者不会看重或着重考察企业的科技实力，如科研人员占比、科研投入等，企业的信任或信誉在民间融资中作用要超过其他任何因素。

在模型3和模型4中则反映出：投资获利意识强烈，科技要素在小微企业从内源融资和股权融资的作用较为明显，假说三、假说四得到验证。尽管科技要素所带来的潜在收益是极不确定的，存在一定的风险，但是在这两种融资途径中放贷者都会力图把握企业科技要素的重要、全面信息，并且具有较强的风险偏好，这就促使投资者努力寻求经济中新的利润增长点，这些科技型小微企业就为这种需求提供了相对应的投资项目供给，这两种投资途径都是科技型小微企业扩大融资的重要来源，并且在初期都是比较有效的融资方式，这是银行等正规金融机构的融资途径所不具备的重要特点，银行等正规金融机构对科技型小微企业放贷要克服这一点需要组建更加专业化的团队来支持。但是这也不是说银行等正规金融机构不具有对科技型小微企业放贷的优势或潜力，因为从分析结果来看，股权和内部融资的投资者都持有短期投资偏好，对短期收益偏好强烈，而不具有长期的投资偏好，这不利于科技型小微企业技术和科研实力的积累，这是私人投资或投资机构的资金规模有限造成的约束，银行等正规金融机构由于资金实力雄厚，可以支持科技型小微企业长期的科研投入，但这有赖于正规金融机构对小微企业信贷技术的创新。

（五）小结

这一节通过有序 Probit 模型回归分析可以发现：科技要素在小微企业从银行获取融资作用不显著，科研投入在银行机构看来是具有较大风险的，小微企业难以通过科技要素从银行获得融资，资本、资产因素仍然是小微企业从银行获取融资的关键因素，银行放贷重"抵质押物"的路径依赖短时间内仍然难以改变。科技要素在内源融资和股权融资中发挥了显著作用，资本的逐利性导致了投资者注重短期收益，短期内小微企业发现的利润增长点进而加大科研投入可以从这两种途径获取融资，但是这两种途径的融资并不利于科技型小微企业在长期内核心竞争力和科研实力的形成与增强，短期逐利性过强。小微企业在民间融资中最为依赖的则是长期经营形成的信誉和信任关系，这是小微企业获取民间借贷的最有利工具。民间借贷对小微企业的科技要素并不敏感，同时，时间因素所代表的企业长期经营所积累的信用和稳定收益预期，是企业在任何一种融资途径中所必须的，在任何一种融资途径中都能发挥引致融资的作用。因此，重视企业信誉、持续经营对小微企业获取融资是非常必要的。

依据以上结论，可以有如下政策含义：

（1）对银行等正规金融机构来说，要提高小微企业的融资可获得性，进行信贷技术的创新是非常有必要的，尤其是对于科技型小微企业来说，企业价值的评估方法要转变"重资产"的观念，寻找对专利权、技术等无形资产的有效评估方法，形成准确的风险预期，逐渐转向企业的潜在价值评估，重视银行与企业之间长期的利益共生关系。

（2）对于股权投资者来说，需要准确把握、挖掘具有潜力的科技型小微企业，培育长期的利润增长点。因为，对于股权投资者来说，科技型小微企业在形成核心管理人员和核心技术之后，再进行投资是非常困难的。

（3）对于科技型小微企业来说，重视企业的长期、持续、稳定经营，对企业信用的产生和维持是非常关键的。稳定的收益预期能够帮助企业从多种途径获取融资；而且，企业在创业初期，内源融资、扩大利润分享是企业获取融资、扩大融资途径的有效机制；同时，还要重视企业核心技术的形成。

（4）对于政府来说，重视知识产权保护，搭建专利技术的交易平台，组建能够有效评估企业核心技术的评估机构，降低专利、技术的交易成本，促进企业间技术交易、流畅转让是提高小微企业融资可获得性的关键所在。交易平台的建立将连接技术市场与资本市场，技术、知识产权流动性的提高能够增强企业核心生产要素的变现能力，从而增强企业的融资能力，从根本上解决科技型小微企业的融资难问题。

四　本章小结

在现实情况中，小微企业资源禀赋集合因其从事行业不同而差异较大，但由于规模的局限性，小微企业资源禀赋集合往往表现出较强的单一性，即小微企业会在单独的某一方面具有优势，例如，零售批发行业的小微企业在现金流方面会有较强的优势，它具有稳定的现金流，而有些企业资金运动则具有一定的周期性，其产品在市场销售上存在淡旺季的差别，这种差别导致该企业在某些时间内资金相对薄弱，有些小微企业在技术方面会比较突出，其资源禀赋集合中技术要素占主要位置，这些是小微企业资源禀赋集合的差异。但小微企业资源禀赋集合也具有一些一致性，即在其固定资产方面，如土地等其他"抵质押物"方面就相对薄弱，这是小微企业资源禀赋的共同特征。

从这些资源禀赋对小微企业融资可获得性的影响情况来看，小微企业融资权利得到了一定的改善。小微企业有形资源禀赋中，有别于传统的"抵质押物"融资下的结果，非固定资产的资源禀赋也可以使小微企业获得融资，开始发挥了一定的融资作用，这说明"抵质押物"才能融得资金的结构已经发生了松动，从技术要素对融资的影响分析也可以发现这一点，技术要素并非有形资源禀赋，更非固定资产，但它也发挥了一定的融资作用，特别是在非银行融资途径中非常明显，这些都表明小微企业融资权利得到了一定的改善；而从生产效率中规模效率对小微企业融资的影响以及技术要素对银行途径的融资影响来看，又表明小微企业融资权利改善的程度是相对有限的，"抵质押物"、资产要素在正规融资途径中仍然发挥了较强的作用，这种情况可能要经过较长的一段时间才能改变。总体上，小微企业资源禀赋集合映射的融资集合是一个不太饱满状态的集合，这种不太饱满的状态说明小微企业融资权利仍然处在一个较低的水平。

第四章 小微企业融资权利映射系统变迁及其影响

小微企业融资的映射机制通过权利映射系统发挥作用，这个权利映射系统共同构成了小微企业的融资供给体系，它映射的含义是小微企业资源禀赋对应在这个权利映射系统中的货币资源量，也包括了映射的难易度，同时需要解释在什么情况下映射系统会导致小微企业融资困境，权利映射系统变迁的过程是怎样的。

一 权利映射系统变迁及其对小微企业融资可获得性影响

政府在小微企业融资权利映射系统变迁中扮演了决策者的角色，通过各种政策、制度的建设、创新与重构推动了小微企业融资权利映射系统的变迁，决策者在最初状态下面对的小微企业融资权利映射系统是一个缺乏弹性的系统，政策的有效性有限，但随着各种相关制度的重设，使系统逐渐变得富有弹性，小微企业融资权利得到改善。

（一）小微企业融资权利映射系统变迁的逻辑起点

小微企业融资权利映射系统的变迁过程本质上是一个扭曲经济的调节过程。这一过程与中国经济改革的节奏几乎是同步进行的，但是也会有相对迟滞的阶段，决策者力求这一系统保持稳定，不使之过急也不使之过慢。要理解这一变迁过程，必须考虑扭曲经济、政府管制经济或计划经济的背景，计划经济或政府管制背后存在一个工业化逻辑：优先发展重工业（林毅夫、蔡昉、李周，2009），这个逻辑的经典模式就是苏联模式①，苏联的工业化发展模式影响巨大，苏联模式的一个重要特征就是重积累，由于工业化程度较低的经济体市场规模狭小，难以形成快速的资本积累，这就要求国家使用垄断力量形成资本积累。依照当时的历史情形来看，苏联模式在其初期尤其是"二战"之后是相当成功的，苏联在"二战"后迅速恢复过来，并一举成为世界一极，这对当时的发展中国家产生了巨大的影响，发展中国家"二战"后纷纷独立，寻求民族独立发展道路，完成工业化几乎是所有民族政权的迫切需求，以及反对殖民地时代的剥削，依附学派论证了殖民地时代发展中国家被宗主国剥削，与此同时产生的不均衡发展状况（安德烈·冈德·弗兰克，1999），苏联为这些国家提供了参照对象，尽管这些发展中国家多数并不一定全部实施社会主义经济政策，但在很大程度上认可了政府干预与管制经济的有效性。

苏联模式通过计划、政府管制手段干预或直接取缔市场，并以此在工业和农业两个部门形成"剪刀差"，为工业发展提供资金积累（冯海发、李准，1993；武力，2002；严瑞珍、龚道广等，1990）；但是通过农业部门的自我剥削并不是工业发展积累资金的唯一来源，更大的来源是国家对金融部门的控制，控制信贷资金流向国有工业企业，"实行金融的垄断……把有限的资金配置到符合国家发展战略目标的企业和部门"（林毅夫、蔡昉、李周，2009），这就导致了信贷资源更加稀缺，金融抑制是这些发展中国家最明显的特征（爱德华·肖，1989）。

金融抑制在各个经济部门带来的经济效率损失肖（1989）和麦金农（1988）已经详细地论述了，在实践了金融抑制政策一段时间之后，不少发展中国家开始转向市场，实施金融自由化政策，尤

① 林毅夫等在其《中国的奇迹：发展战略与经济改革》对苏联模式以及工业发展派别进行了较为详细的论述，比较了不同派别观点的差异，以及最后选择"超工业化派"的原因和过程，详见该书第32—35页。

其是在苏联解体以及东欧剧变之后，新自由主义在全球大肆扩张，发展中国家力图提高经济的市场化程度。

在中国相应的情况却是大范围的经济改革，中国的经济改革由农村土地产权制度改革开始，一直到国有经济改革，但金融体系的全面改革却几乎排在了改革日程的最后几项。这样金融体系基本保持了其金融抑制政策的诸多惯性，小微企业或私营企业在这个体系中是受到歧视的，这个体系将其安排在向重工业或国有经济部门提供剩余积累的位置。在改革之前，不允许私人企业的存在，不存在小微企业融资问题，那么也就无所谓小微企业融资难的问题了，这个问题大致是在1998年东南亚金融危机之后，以"中小企业融资难"的形式浮出水面，成为社会热点问题。必须认识到的是多数中小企业是私营企业，这些私营企业在创立早期几乎是不可能从银行获得融资，基本依靠亲朋借贷以及自身积累，在2000年前后，这类企业不断发展，融资需求不断扩大，民间借贷不能够满足其融资需求时，矛盾和问题就产生了。

表面上看"企业融资难"的问题是企业融资需求不足的问题，实质上却是滞后的金融系统由于带着相当强的金融抑制惯性压制了经济增长，落后的金融部门滞后于快速发展的生产部门，无法为生产部门提供相应的融资服务。落后的金融系统要改变、要改革，那么这种变迁的动力来自哪里？有些学者提供的答案是国家控制、即自上而下（张杰，1998），其实，随着整体经济的市场化程度的提高，除了国家控制之外，市场动力也在推动金融系统的变迁。应该认识到，这个企业融资权利映射系统是在改善的，社会所关注的企业融资问题由"中小企业"转向"小微企业"，说明，中型企业融资的问题已经基本得到解决，剩下的便是"小微企业"融资问题。

因此，要改善小微企业融资状况，小微企业融资权利映射系统变迁的逻辑起点便是金融系统逐渐消除金融抑制政策的影响，逐渐消除歧视性政策，修正过去政府干预造成的信贷资源配置扭曲，增强整个权利映射系统的竞争性，拉伸权利映射系统的映射面积，在前一部分论述到的小微企业融资权利映射系统变动的制度变量就发挥这个关键性作用，但在这里也有必要论述一些市场自发力量所导致的权利映射系统的变迁——更多新兴金融机构的产生与发展。同时，在很大程度上，决策者所制定并推动的新制度也是对市场需求的一种反应，是对权利映射系统变迁的一种默许，当然，是否能够真正转化为正规制度则在于决策者对这种变迁的收益、成本、风险的比较。

（二）小微企业融资权利映射系统的变迁过程

在中国，小微企业融资权利映射系统的变迁是从决策者意识到小微企业在国民经济中发挥的作用开始，权利映射系统对于其他类型的企业融资也具有相同的含义，推动变迁的力量既来自决策者也来自市场，变迁过程大致从 2003 年开始。

1. 小微企业融资权利映射系统变迁的初始点与初始状态

小微企业融资权利映射系统变迁的发端时间为 2003 年，标志性事件是国务院出台《深化农村信用社改革试点方案》，提出"明晰产权关系、强化约束机制、增强服务功能、国家适当支持、地方政府负责"的总体要求，在浙江、山东等 8 个省市进行试点。之所以将2003 年农信社改革定为小微企业融资权利映射系统变迁的标志性事件，尽管当时农村金融市场也存在其他金融机构（见表 4-1），但农信社一直是最主要的农村金融机构，农信社创立时间长，在农村影响范围广，并且在农村、县域经济内也主要以小微企业为主。

2003 年之前的农信社面临着这样的问题：到底是合作制银行还是股份制银行，软预算约束导致的道德风险问题、农村合作基金的历史负担问题（Xie Ping，2003），在这些问题的影响下，农信社信贷业务就会产生很多道德风险以及逆向选择等问题，同时，在农村经济结构加速转变、而农村金融结构滞后的情况下，地方政府介入并对农村金融市场进行干预，如行政指令性贷款等[1]，这导致了

---

① 参见何广文、冯兴元、郭沛等著《中国农村金融发展与制度变迁》，中国财政经济出版社 2005 年版，第 8 页，第六阶段中改革背景。

表 4 - 1   中国农村金融体系中各种金融组织机构的功能和作用

组织机构名称	主要功能	服务对象群体
中国人民银行	维持农村金融市场秩序、监管农村金融机构的业务活动	农村正规金融机构
中国农业发展银行	主要农副产品的国家专项储备贷款；农副产品的购销贷款；加工企业贷款；小型农、林、牧、水利基本建设和技术改造贷款；老少边穷地区发展经济贷款、贫困县县办工业贷款、农业综合开发贷款以及其他财政贴息的农业方面贷款	粮食营销企业、基层政府有关部门、加工企业
中国农业银行	农村工商业贷款	农村企业、农户
农村信用合作社	吸收存款、农户小额贷款、小型农村工商业贷款	
保险公司	农村财产保险、人寿保险	
信托投资公司	农村信托投资	
邮政储蓄	吸收存款	
农村扶贫社	吸收存款	农户
农民互助储金会	农户储蓄和农户小额贷款	
民间私人借贷组织	农户间、农村企业间、农户与农村企业间的小额贷款	农户、农村企业

资料来源：来自张红宇《中国农村金融组织体系：绩效、缺陷与制度创新》，《中国农村观察》2004 年，第 6 页。

大量信贷资源的错配和信贷市场失灵，同时由于国有企业、乡镇企业、村合作（集体）经济还贷率低给农信社带来了很大的损失，在一份调查中，农信社亏损率达到 60.9%（王家传、刘廷伟，2001）。不仅农信社诸多问题的存在导致了小微企业权利映射的失败，小微企业权利映射系统中邮政储蓄与农信社同样遍布乡村，网点众多，邮政储蓄的存在在当时只是发挥了大量吸收农村资金的功能，"2002年底（存款）余额已达7376亿元，其中65%来自县及县以下地区，乡镇及其所辖地区农村占34%"（张红宇，2004），2001年，国有商业银行从农村领域的吸储余额大约为2000亿—3000亿元，农村大量资金被抽走，导致了农村金融市场信贷资金的稀缺性加重，私营及个体企业贷款在1999年仅占0.91%[①]。

从利率方面看，1996年，银行间货币市场利率限制取消，1998年，对小型企业贷款的利率最高上浮幅度扩大到20%，农村信用社贷款利率最高可扩大到50%，1999年，商业银行、城市信用社利率对中小企业贷款利率最高上浮幅度可到30%，2002年，选取8个县农信社试点利率市场化，贷款利率可最高上浮100%，存款利率最高可上浮20%，至2003年4月，试点增加到92个县。但这还远远不足以抵补农村金融机构的经营成本（刘民权等，2006）。

资金外流加强了当时小微企业融资权利映射系统中的垄断力量，金融抑制严重、甚至垄断经营（何广文，1999），农村金融机构缺乏内部监督和激励机制，农村资金的稀缺性扩大了基层信贷员的寻租空间，关系借贷导致市场机制不能很好地发挥作用，金融抑制政策增加了企业的融资成本（周业安，1999），小微企业融资权利映射系统呈现刚性，小微企业借贷难度大，小微企业的融资途径一般为自由资金、民间金融和风险投资，小微企业融资可获得性较低。

因此，从以上分析可以发现，小微企业权利映射系统变迁的初始状态为：资金外流、信贷供给方垄断势力强（机构单一）、农村金融机构存在诸多缺陷、利率管制、信贷市场对小微企业的歧视等，总体上，小微企业被体制安排在一个非常弱势的地位上，融资困难，融资可获得性低。

2. 消除歧视

歧视的消除是一个系统漫长、渐进的过程，在中国遵循了一个

---

① 参见何广文、冯兴元、郭沛等著作《中国农村金融发展与制度变迁》，中国财政经济出版社2005年版，第126、131页。

自上而下的过程，所有政策的制定、发出几乎都从中央政府开始，进而向各个部委、中央银行、银监会扩展，如图4-1所示，再由各个部委向相应的各省市地区政府相应职能部门传递，制定当地政策，中央银行出台相应的货币政策和信贷政策，银监会则出台相应的监管政策，两者一并向商业银行系统传递，以货币、信贷和监管政策影响商业银行的小微企业信贷政策，与地方政府相应职能部门政策一起形成新的制度，小微企业权利映射系统逐渐形成一个变迁过程。

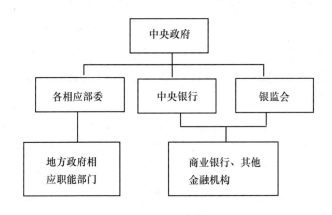

图4-1 政策的传递过程

2002年6月29日，中华人民共和国主席江泽民签署主席令，《中华人民共和国中小企业促进法》正式通过，2003年1月1日正式实施。这一部法令标志着从根本上扭转对中小企业的歧视，决策者开始重视小企业的发展，将中小企业发展正式提到经济发展政策的日常议程，打下了消除系统性歧视的法律基础。

在2003—2013年的10年中，由中央政府推动出台了一系列政策，这些政策旨在消除对民营企业、中小企业、小微企业的歧视，改善融资状况，2006—2008年每年的政府工作报告都有所提及改善中小企业融资、政策环境的内容，这些政策更多地关注如何改善融资状况，"非公36条"和新"36条"却是最直接的旨在消除歧视的政策。但真正密集出台是从金融危机爆发后的 2008 年末开始的，随着危机的加深，政府开始关注微型企业，2011 年的"国九条"首次提出改善小型微型企业融资的一系列政策措施，小微企业自此被业界正式提出。

在 2004 年的中央一号文件中规定："法律法规未禁入的基础设施、公用事业及其他行业和领域，农村个体工商户和私营企业都可以进入"，2005 年 2 月 26 日，国务院"非公 36 条"颁布，"非公36 条"明确提出了放宽市场准入的诸多平等、公平性原则，如"贯彻平等准入、公平待遇原则""允许非公有资本进入垄断行业和领域、公用事业和基础设施领域、社会事业领域、金融服务业等"，尽管这些政策在实际的实施中，可能存在很大的差异，但是这在政策上对中小企业和小微企业是一个良好的开端，并且明确提出："加快设立国家中小企业发展基金"，这也为进一步消除小微企业融资权利系统中的歧视性政策奠定了良好政策基础。2010 年 5月，新"36 条"公布，进一步放宽投资渠道，并且继此之后，很快出台了新"36 条"细则，这些细则为政策落实打下了基础，这些细则侧重消除不平等、增强市场经济的公平原则，在诸多领域清除进入壁垒障碍，是消除歧视的又一重大事件。

另外，2004 年 5 月，经国务院批准、中国证监会批复同意深圳证券交易所在主板市场内设立中小企业板块，同年 6 月 8 家企业正式挂牌上市，接着，在 2009 年，中国创业板市场正式推出。中小板和创业板的设立——登陆资本市场表明中小企业的歧视在很大程度上得到扭转，小微企业融资权利映射系统中的歧视性因素进一步被消除。

2012 年，在《中国共产党第十八次全国代表大会的报告》中提出："提高大中型企业核心竞争力，支持小微企业特别是科技型小微企业发展。"2012 年的中央经济工作会议上又提出要善待和支持小微企业发展。2013 年，国办发〔2013〕87 号指出："小微企业是国民经济发展的生力军"，并推动制订针对小微企业详尽的减税、扶持方案，这从国家的高层进一步巩固消除歧视的政策成果。

在 2003—2013 年的十年中，政府高层从上至下，利用中央的权威不断出台政策，地方政府和商业银行系统围绕这些政策制定相应的措施，改变旧的制度形态，这共同推动了权利映射系统内部制度的变迁，"制度变迁是一个复杂的过程"（道格拉斯·诺斯，2008），应该承认，歧视的彻底消除还要经过一段较长的历史时期，总体上，至于歧视消除到什么程度还有待进一步深入的研究①，但总体上产生了较好的效果，可以确定的预期是不断地向改善的方向转变。

3. 新型农村金融机构的发展

在小微企业融资权利映射系统变迁之前，政府是主要的金融制度供给者，严厉的金融管制和半封闭的金融环境，在多方面表现出制度上的供给不足（何广文，1999），"农村金融服务的供给严重滞后于农村金融需求"，"发展农村中小型金融机构和社会公共投资机构，实现金融组织的多元化"（何广文，2001），"从不同角度推进金融组织多元化，是优化中国农村金融组织结构的途径"（何广文，2004）。通过金融组织的多元化增强系统内部的竞争性是金融机构的客户目标下移的重要前提，在竞争的压力之下，金融机构为了维持原来的利润水平，不得不开发新市场，寻找小微客户，不再唯大企业是听，促进中小金融机构发展可以改善中小企业、小微企业融资（林毅夫，2001）。

为改变金融系统中的竞争状况，2006 年中央一号文件中提出："加快推进农村金融改革……大力培育由自然人、企业法人或社团法人发起的小额贷款组织，有关部门要抓紧制定管理办法。引导农户发展资金互助组织"，同时为解决抵押担保问题，提出："各地可通过建立担保基金或担保机构等办法，解决农户和农村中小企业贷款抵押担保难问题。"这基本奠定了新型农村金融机构的合法性基础，开辟了政策通道。

---

① 事实上，权利映射系统内部的歧视到底消除到什么程度是一个更加艰难的问题，尤其是歧视的量化研究、模型设计，都是相当复杂的，这里的研究只能作为开端，提供定性分析的判断，为后来研究提供借鉴。

2006 年银监会出台"中国银行业监督管理委员会关于调整放宽农村地区银行业金融机构准入政策,更好支持社会主义新农村建设的若干意见",这个政策真正放宽了新型农村金融机构的进入渠道,小微企业权利映射系统变迁的重要事件,它推动了金融机构的增量变化,制度发力改变金融机构增量。首先进行试点,首批试点选择在四川、青海、甘肃、内蒙古、吉林、湖北 6 省(区)的农村地区开展,其设立注册资本要求见表 4 - 2 所示。

表 4 - 2　　　　　　　新型农村金融机构设立注册资本要求　　　　单位:万元

| | 村镇银行 | | 信用合作组织 | | 贷款公司 | 农村银行业金融机构 | |
						农村合作银行	统一法人机构
行政级别	县(市)级	乡(镇)级	乡(镇)级	行政村	—	—	县级
注册资本	≥300	≥100	≥30	≥10	≥50	≥1000	≥300

资料来源:根据银监发〔2006〕90 号文件整理。

2007 年银监会相继出台了村镇银行、贷款公司暂行管理规定,以及村镇银行、贷款公司、农村资金互助社的组建审批工作指引。2008 年银监会和人民银行出台了"关于小额贷款公司试点的指导意见"(银监发〔2008〕23 号),为小额贷款公司的设立提供了政策基础。2009 年 7 月银监会制定了"新型农村金融机构 2009—2011 年总体工作安排",制订了 2009—2011 年的新型农村金融机构的发展计划,在原来试点省份的基础上,扩展了新的省份,新型农村金融机构的数量增加。

小额贷款公司发展迅速,从 2010 年的 2614 家发展到 2013 年 9 月的 7398 家(见图 4 - 2),2013 年 9 月的贷款达到 7534.5 亿元,小额贷款公司发展迅速,成为新型金融机构的主要力量,推动金融体制变迁,银监会出台的《小额贷款公司改制设立村镇银行暂行规定》尽管在很大程度上并不能够吸引小额贷款公司转制,但是却为小额贷款公司进一步发展铺平了道路，小额贷款公司成为银行潜在的竞争者。尽管小额贷款公司发展存在诸多问题，但其发展势头非常明显，小额贷款公司再贷款公司的设立为小额贷款公司获取融资提供了有利条件①，进一步推动了小微企业融资权利映射系统的变迁。

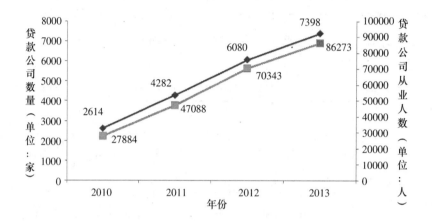

图4-2　小额贷款公司增长情况

资料来源：中国人民银行公布数据，其中2013年为第3季度数据。

村镇银行在全国发展较快（见图4-3），但严重落后于银监会2009年出台的《新型农村金融机构2009—2011年总体工作安排》，到2013年10月已经达到1000家，覆盖了31个省份，在银监会发布的《农村中小金融机构行政许可事项实施办法（征求意见稿）》中，进一步提出增加引入民间资本的要求，降低门槛，这个政策是对村镇银行落后于原来发展规划的反映，这一政策如果得到实施，那么小微企业融资权利映射系统内部的歧视将进一步被消除，消除歧视的政策也将落地。

---

① 参考21世纪网"'银行的银行'：粤、冀小额再贷款公司争议中开闸"：file：///E：/%E5%8D%9A%E5%A3%AB%E8%AE%BA%E6%96%87%E6%95%B0%E6%8D%AE/%E5%8D%8F%E9%A2%9D%E5%86%8D%E8%B4%B7%E6%AC%BE%E5%85%AC%E5%8F%B8%E5%9C%A8%E4%BA%89%E8%AE%AE%E4%B8%AD%E5%BC%80%E9%97%B8.htm.

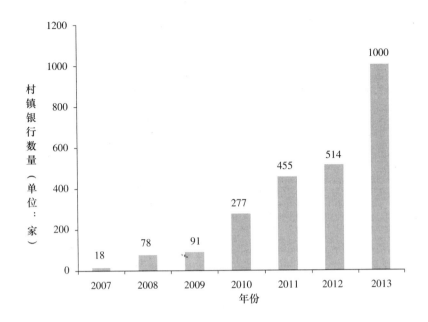

图4-3 村镇银行发展状况①

表4-3　　　　　　　　**2012年主要涉农金融机构相关情况**

机构名称	机构数/家	营业网点数/个	从业人员数/人
农村信用社	1927	49034	502829
农村商业银行	337	19910	220042
农村合作银行	147	5463	55822
农村资金互助社	49	49	421
合计	2460	74456	779114

资料来源：《中国农村金融服务发展报告2012》。

　　农村资金互助社的发展与小额贷款公司和村镇银行的发展形成鲜明的对比，农村资金互助社的发展参差不齐，具有金融牌照的正

①　参考21世纪网：http：//zhuanti.21cbh.com/2013_czyh/，人民网：http：//finance.people.com.cn/bank/n/2013/1013/c202331-23184349.html.

规农村资金互助社到 2012 年末只有 49 家（见表 4 - 3），但是非正规的农村资金互助社数量可能要在 5000 家以上（苟春和、秦雨，2012），农村资金互助社存在着法律地位不被认可、产权不明晰、内控机制缺乏、外部监管缺乏等诸多问题，这些都是农村资金互助社发展中面临的难题，这些隐患的存在导致了一些资金互助社倒闭、破产[1]，一些资金互助社参与高利贷[2]，等等，农村资金互助社政策上，未来发展的路线是不明朗的，但是大量非正规农村资金互助社的存在也在一定程度上改善了小微企业的融资状况。

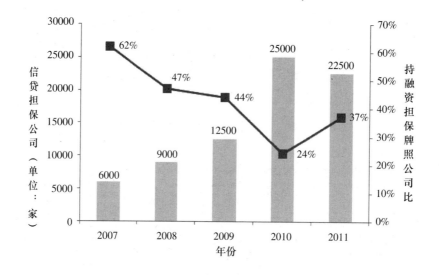

图 4 - 4　信贷担保公司的发展

资料来源：毕马威 2012 年中国银行业调查报告。

最后是信贷担保公司的发展状况，担保公司从 2007 年的 6000 家增长到 22500 家，持有牌照的公司占比有所波动。担保公司的发

---

① 参考中国网"农民资金互助社频现倒闭挤兑风波被指山寨银行"：http：//finance. china. com. cn/money/bank/yhyw/20130704/1606442. shtml.

② 参考新华网"农村资金互助社变形：江苏上亿农资被放高利贷"：http：// news. xinhuanet. com/fortune/2013 - 07/05/c_ 124957448. htm.

展为小微企业融资提供了担保机制，解决了小微企业缺乏抵质押物的难题，担保公司的担保机制实际也是一种信用筛选机制，可以从中发现优良客户、排除风险客户、有效分担风险、降低银行机构所承担的风险，对提高小微企业融资可获得性帮助很大。

总体上，金融机构多元化推动了小微企业融资权利映射系统的变迁，新型农村金融机构从不同方面发挥着不同功能，小额贷款公司、村镇银行的发展增加了小微企业融资的供给，增加了系统内部的竞争力，农村资金互助社增加了农村当地的微型企业周转资金融资（尽管农村资金互助社存在尚待解决的问题①），担保公司的建立和发展改善了小微企业的抵质押物缺乏状况，为小微企业从银行机构获取融资提供了支持。新型农村金融机构的发展"增加了农村金融市场的信贷供给，但也存在着集中在城镇、正规化后经营成本提高、服务对象高端化、信贷资金规模约束等问题"（沈杰、马九杰，2010），对这些问题的研究仍然是一个探索的过程，一个不断优化的过程，农村金融体系布局以及机构多元化水平与巨大的金融需求相比仍存在较大的差距，从2006年开始到2013年的农村金融机构多元化仅仅是一个开始，2012年温州金融改革试验区提出的"创新发展面向小微企业和'三农'的金融产品与服务，探索建立多层次金融服务体系"是农村金融机构多元化的大方向。

4. 商业银行机构的小微企业融资供给改进

银行机构对小微企业融资供给的改进也是小微企业融资权利映射系统变迁的重要表现，即正规金融机构的供给改进，在新型农村

---

① 农村资金互助社的本质是一个很微型的封闭银行，之所以法律地位不被认可，原因在于决策者对这种微型银行各方面职能的质疑，对于决策者来说，农村资金互助社带来的存款风险与其社会收益是不相称的，外部监管成本太大，与社会收益不呈正比，决策者强调金融机构监管的规模收益。而农村资金互助社的内控机制、产权问题等都可能是长期低效的，农村资金互助社管理人员的"企业家才能"不足，农民社员可能不具备充足的"知识""经验"来经营一家资金互助社，不足以解决这些问题，或许在"干中学"中，其社员能够解决这些问题，但是不确定性较大，这对于决策者来说是增加风险因素，同时决策者又倾向于推进农村金融机构多元化，这种矛盾导致规避风险的决策相互冲突——对非正规农村资金互助社发展采取默许、放任态度。

金融机构没有布局完善的情况下，正规金融机构的改进是非常有必要的，同时，对小微企业提供融资，正规金融机构有新型农村金融机构无法比拟的规模和资金优势。

2007 年银监会发布的《银行开展小企业授信工作指导意见》（银监发〔2007〕53 号），这个政策开启了正规金融机构对小企业融资供给模式改进的进程，《银行开展小企业授信工作指导意见》给出了具体的操作办法和指导原则，并开启了无抵质押物的融资模式创新，如"贸易融资、贴现、保理、贷款承诺、保证、信用证、票据承兑等表内外授信和融资业务"，这与传统的抵质押融资业务存在很大的不同，是一个重大突破。2007 年银监会《关于银行业金融机构大力发展农村小额贷款业务的指导意见》（银监发〔2007〕67 号），该文件在放款对象、用途、额度、期限、利率等方面进一步放宽，其中提出的"改进小额贷款服务方式"和"完善小额贷款激励约束机制"对正规金融机构对小微企业融资供给的流程设计、改进起到了很大的作用。2008 年银监会推出的《关于银行建立小企业金融服务专营机构的指导意见》（银监发〔2008〕82 号）为正规金融机构提高对小微企业信贷供给的专业化水平指明了方向，而商业银行内部小企业金融服务专营机构的设立加强了权利映射系统内部的专业化程度，银行内部分工进一步细化。

2010 年人民银行、银监会、证监会、保监会《关于进一步做好中小企业金融服务工作的若干意见》（银发〔2010〕193 号）从改变金融系统的观念切入推动创新，提出商业银行在抵质押模式方面进行创新，作为对商业银行的回报，提出了差异化的监管措施。2011 年的银监发〔2011〕94 号文件将微型企业也纳入，支持商业银行发行专项用于小型微型企业贷款的金融债，在存贷比、风险等多个监管方面加大了宽容度。2013 年国务院办公厅关于金融支持小微企业发展的实施意见在对小微企业信贷供给量以及融资模式创新、去抵质押物崇拜方面都作出了相对硬性的规定，政策力度明显加大，尤其是信贷供给量方面，对商业银行形成了量化管理约束。接着银监会的《关于进一步做好小微企业金融服务工作的指导意见》（银监发〔2013〕37号）给出了相应的监管指标，对银行机构提出了全年实现"两个不低于"的目标，并建立、完善了商业银行对小微企业融资的监管指标体系。通过政府的干预推动正规金融机构对小微企业融资模式的创新和改进。

表4-4　　商业银行2012年小微企业金融服务专营机构情况

银行名称	专营机构数量	银行名称	专营机构数量
工商银行	1400家小企业金融服务专营机构	中国银行	11家中小企业金融服务中心
农业银行	1052家小企业金融服务专营机构	建设银行	小企业经营中心244家，个贷中心1200个
交通银行	335家小微企业服务专营机构	招商银行	小企业信贷中心区域总部12个，分中心36家
民生银行	50家小微金融专业支行	兴业银行	40家小企业业务专营机构
中信银行	25家小企业金融专营机构	华夏银行	总行设立了中小企业信贷部，42个城市成立中小企业信贷地区分部
平安银行	在上海成立1家小微金融业务专营支行	光大银行	26家小微金融中心
广发银行	13家分行设立中小企业金融部，全国设立103家"小企业金融中心"	浦发银行	35家小微企业金融服务专营机构
浙商银行	68家小企业专营机构		

资料来源：《中国中小企业金融服务发展报告（2013）》，第45页。

经过政府的不断推动，商业银行对小微企业融资供给模式不断改进，逐渐形成了以中小企业专营机构、商圈加产业链模式和创新信贷产品为主要途径的融资模式（见表4-4），2012年，有100多家设立了专营机构、特色网点等（史建平，2013），已经基本覆盖了全国主要城市和大部分县域，形成了小微企业融资的有效网络。

（三）小微企业融资权利得到较大改善

小微企业融资权利映射系统的一系列变迁，小微企业融资可获得性变大，融资难得到一定的缓解和改善。小微企业贷款余额从2009年的8.48万亿元增长到2012年14.77万亿元（见图4-5），从增量上来看，小微企业融资状况得到明显改善。从各大国有商业银行2012年小微企业贷款余额来看，存量巨大，工行小微企业贷款余额超过18000亿元，交通银行小微企业贷款为10932.33亿元，中国银行小微企业贷款为8225.2亿元，建设银行小微企业贷款为7554.53亿元，农业银行达到5998.01亿元，国有商业银行对小微企业的巨额融资额度为缓解小微企业融资难问题打下了最坚实的基础。很显然，政府推动的正规金融机构对小微企业融资供给模式的创新、改进政策对小微企业融资产生了巨大的效应，专业化分工解决了以往的市场难题。

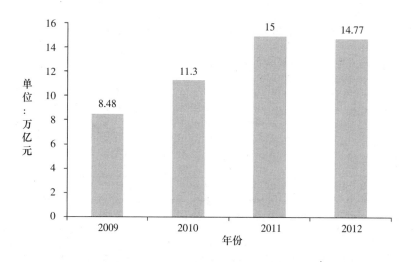

图4-5 小微企业贷款余额增长情况

资料来源：《中国中小企业金融服务发展报告（2013）》。

根据银监会公布的2011年和2012年年报，小微企业贷款余额占全部贷款余额的27.03%和21.95%，而在2004年"占全国工业增加值30%的个体和私营经济只得到1%的信贷资金"（何广文，2004），相比较来看，小微企业得到的信贷资金占比已经有了大幅度的提高，小微企业融资状况在很大程度上已经得到改善。

另外，新型农村金融机构对小微企业融资供给在总体上贡献比例较小，但潜力巨大，农信社系统仍是农村地区、县域内主要的小微企业融资供给者。2012年末，江苏的农村合作金融机构中小企业贷款余额为4470亿元，更多省份都在2000亿元和1000亿元以上，而新型农村金融机构的小企业贷款余额达到1121亿元，在总的小企业贷款余额中占比非常小，但增长率较2011年达到80.81%（史建平，2013），因此，总体上，农村合作金融机构仍是农村、县域内小微企业融资的主要供给者，新型农村金融机构还处在成长期，它对小微企业融资的改善作用将逐渐显现。

（四）小结

从2003年发端的小微企业融资权利映射系统变迁是中国经济史上的一个重大事件，从中可以看到中国经济发展、改革所独有的轨迹、政府和市场所扮演的角色，权利映射系统的变迁实质上就是逐渐消除计划经济时期工业化优先发展的苏联模式的影响，逐渐修正扭曲的信贷市场结构。

在这个过程中，政府是变迁的自上而下的推动者，但是政府在扮演这个角色时，也看到了市场巨大需求的客观存在，市场并不是万能的，尤其是发展中国家的信贷市场失灵更是常见的，通过政府行为来矫正市场扭曲可能是唯一的途径，政府的作用与市场的作用都不能忽视。应该特别注意的是，在推动变迁过程中，政府并不是简单地以"干预"的方式来解决市场问题，而是制度的供给者，通过搭建、完善市场机制来解决小微企业融资难的问题。以中央政府的权威来消除歧视是最有效的办法，这很快影响到权利映射系统内部的"观念"转变，这增加了金融机构小微企业融资供给的意愿，这种措施并不存在违反市场运行规律的地方。

新型金融机构的增加加快了权利映射系统内部的金融机构多元化，竞争性加强，竞争格局逐渐形成，同时对正规金融机构的引导加快了小微企业融资供给的专业化分工，为解决信息不对称问题提供了必要条件，而政府推动的林权、土地承包经营权流转的配套改革又为抵质押问题的解决提供了必要条件。从此可以看出，政府对解决小微企业融资问题的终极目标是实现市场运行机制，所有的政策都是为搭建一个有效运行的小微企业市场而建立的，对于政府来说，一个长期有效运行的小微企业信贷市场要远好于不断的财政补贴，从 2012 年、2013 年的情况来看，这个目标已经基本实现，框架体系已经建好，需要逐渐完善，如农村资金互助社的发展。

不可否认的是，2013 年出现的互联网金融对小微企业融资权利映射系统变迁产生了不小的冲击，至少在市场和信贷技术上都具有较大影响，但是，互联网金融能对权利映射系统产生多大的影响还有待于进一步的观察。

小微企业融资权利映射系统的变迁遵循了卡尔·波普尔（1999）所阐述的零星社会工程原则，在保持了开放的体系下，不断依据现实问题改进政策，这种循序渐进的解决问题的方式也证明了中国经济改革的正确性和合理性，整个体系构建的战略、策略都将对其他发展中国家金融体系的完善提供有力借鉴。

二 权利映射系统变迁中的贷款利率自由化

贷款利率自由化在小微企业融资权利映射系统变迁中扮演了重要的角色，贷款利率自由化对小微企业融资权利变迁以及融资权利改善的机制在这一节中单独讨论。

（一）贷款利率自由化的讨论

利率是信贷产品的价格，是信贷市场运行的核心机制，利率能够指挥市场，调配货币资源，使信贷资金流向最需要的地方。利率是小微企业融资权利映射系统中的重要机制，利率自由化的作用在于逐渐修正利率管制下被扭曲的价格机制，使利率真正发挥资金调配的作用，从而使小微企业融资难的问题得到改善，这是利率自由化政策的一个预期效果。利率自由化是小微企业融资权利映射系统变迁的重要环节。

实际上，利率自由化对小微企业、农户等信贷市场上相对弱势客户群体融资改善的作用是存在争论的。利率管制导致了金融压抑（Mckinnon and Shaw，1973），农户、小企业融资受到歧视，融资困难，利率自由化是改善融资的关键途径，但有学者对此提出不同观点，认为"中国的实际情况并不符合麦金农和肖提出的利率市场化发挥效应的一般传导机制的前提条件"（许东江，2002）。20世纪90年代农村金融机构实行商业化改革后，农村利率结构的扭曲是造成农村地区信贷资金外流的最主要原因，也是农村金融机构经营亏损的重要原因（徐忠、程恩江，2004）。为改变这种状况，2004年央行放开金融机构（城乡信用社除外）贷款利率上限，允许存款利率下浮，利率市场机制逐渐发挥作用。贷款利率上限取消后，企业的负债水平显著提高，小企业增加尤为显著，反映出利率市场化有利于缓解企业融资约束，并且，金融机构对中小企业资产抵押能力的要求亦有所降低（王东静、张祥建，2007）。利率浮动范围扩大后，金融机构将对不同客户群体采取差别定价策略，且提供金融机构盈利能力，增强其信贷服务能力和意愿（马九杰、吴本健，2012），利率市场化"有利于改善农户信贷配给，提高农业信贷配置效率"（许承明、张建军，2012）；有的学者则认为"放宽农村金融市场利率限制政策并不必然促进农村信用社的市场化，反而可能导致农村信用社采取有利于内部人控制的垄断行为，造成农村金融市场的资金配置效率低下"（陈鹏、刘锡良，2009）。总体上，改革开放 30 多年来的利率市场化是有效的，但在农村地区金融抑制仍然存在（张孝岩、梁琪，2010）。

2013 年 7 月 20 日，央行决定全面放开金融机构贷款利率管制，取消金融机构贷款利率 0.7 倍的下限，由金融机构根据商业原则自主确定贷款利率水平，对农村信用社贷款利率不再设立上限。利率机制进一步在信贷市场中发挥作用。另外一件重要事件是 2012 年国务院批准设立了温州金融改革试验区，力图改善小微企业、民营企业融资难状况，温州乃至浙江省小微企业比较依赖民间融资，非正规金融市场是民营企业、小微企业的主要融资渠道，随着金融危机的爆发、恶化，民营企业融资困难，温州金融改革试验区的设立就是为了改变这一状况，那么利率自由化能否改善小微企业融资状况，提高小微企业的融资可获得性？贷款利率自由化之后，正规金融市场的变动会对非正规金融市场有怎样的影响？未来，利率自由化对小微企业融资又会有怎样的影响？本章通过使用 VECM 模型，利用银行间同业拆借市场日利率、温州地区民间借贷综合利率指数（以下简称温州指数，温州指数是温州金融改革试验区设立后当地监管部门为了监控温州民间金融市场利率变化情况而编制的民间利率综合统计指标）对以上问题进行回答。

（二）正规金融市场对非正规金融市场的传导机制

正规金融机构在金融市场中处于主体地位，主导正规金融市场的变动，但非正规金融市场也同样广泛存在，尽管两种市场并不存在直接的关联，但由于某些传导机制的存在，正规金融市场的波动会影响非正规金融市场。同业拆借市场利率的变动表示正规金融市场信贷资金的稀缺状况，能够较好地显示、代表正规金融市场的变动情况，并且，信贷资金的主要流动方向是从正规金融市场到非正规金融市场。而温州指数则能够代表非正规金融市场的变动情况。

图 4-6 给出了 2013 年 10—12 月上海银行间同业拆借利率与温州指数的变化趋势（两者皆为年化利率），在图 4-6 中可以发现

正规金融市场的波动幅度要大于非正规金融市场的波动幅度，并且正规金融市场的频率要大于非正规金融市场，同时应该注意的是，由于拆借市场是信贷资金的一级批发市场，拆借利率维持在4%左右，而温州指数则在20%左右浮动，正规金融机构掌握大量信贷资金，并且交易量大，这导致了变化幅度较大，民间金融市场利率已经停留在相对较高的水平，变化幅度较小。直观地，正规金融市场利率变动与非正规金融市场利率变动多数情况呈相反方向，而在有些情况下则呈相同方向变动。

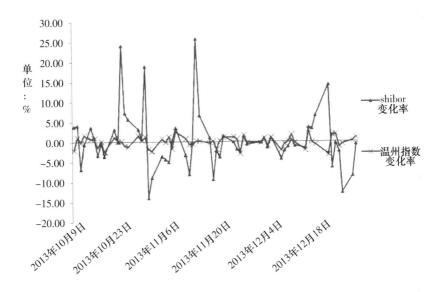

图4-6　正规金融市场利率和非正规金融市场利率的变化趋势

正规金融市场与非正规金融市场存在重要的关联——小微企业融资需求，正规金融市场波动通过影响小微企业融资需求及其满足状况从而间接影响非正规金融市场，小微企业融资是正规金融市场向非正规金融市场重要的传导机制。长期的金融抑制政策导致了金融市场呈现出明显的结构特征，大部分小微企业等相对弱势的客户群体被排斥在正规金融市场外部，而利率管制的价格限制政策加剧了这种状况，因为利率的限制降低了金融机构向小微客户的服务意愿，多数小微企业只能从非正规金融市场获取融资，小微企业是非正规金融市场的主要需求者，小微企业具有潜在的巨大融资需求，对利率敏感，有学者测算农村小额信贷需求利率弹性为 -2.48，农户未得到满足的市场规模为 3180 亿元（王卓，2007）。

图 4 - 7　正规金融市场到非正规金融市场的传导机制

如图 4 - 7 所示，如果正规金融市场向小微企业融资供给量增加，则小微企业对非正规金融市场的融资需求就会减少，正规金融市场对非正规金融市场至少存在这一条传导机制，且是非常重要的传导机制。实质上，小微企业融资市场在非正规金融市场中占了大部分，对于小微企业来说，正规金融市场与非正规金融市场是具有可替代性的。因此，正规金融市场到非正规金融市场的传导机制类似线性的从一端到另一端的单向传播，这是由金融市场的结构特征所决定的，一级市场更具有市场势力，这一点需要得到实证研究的验证。

（三）数据选取及数据特征

本书选取了 2013 年 10—12 月的上海银行间同业拆借市场利率（shibor）、温州指数，温州指数显示了温州地区民间借贷——非正规金融市场的变动情况，温州指数来源于温州金融办公布的数据，shibor 来源于上海银行间同业拆借市场公布的拆借日利率。这一段时期恰好是央行实施全面放开金融机构贷款利率管制政策的时期，利率自由化进入了一个新的发展阶段，因此，结合温州金融改革试验区的部分成果，正规金融市场与非正规金融市场的关联、利率自由化对小微企业或民营企业融资的影响研究也就显得更有意义。

表4-5　　　　　　　　　数据统计特征

	温州指数	shibor
最大值	20.530	5.230
最小值	19.480	3.001
平均值	20.003	3.718
标准差	0.236	0.486

表4-6给出了shibor与温州指数的相关关系，从相关系数和协方差来看，正规金融市场与非正规金融市场呈负相关关系，存在协同关系，存在相反的波动方向，说明正规金融市场波动对非正规金融市场波动具有负向影响。

表4-6　　　　　　　利率的协方差与相关系数矩阵

	相关系数		协方差	
	shibor	温州指数	shibor	温州指数
shibor	1.000000	-0.201076	0.235906	-0.023514
温州指数	-0.201076	1.000000	-0.023514	0.057969

时间序列模型应建立在平稳的基础上，通过使用 Eviews 6.0 对 shibor 和温州指数时间序列数据进行 ADF 单位根检验和 PP 单位根检验发现这两个序列的一阶差分序列是平稳的，ADF 和 PP 检验的显著性非常高，在 1% 的水平上显著。

两个或多个具有相同阶的非平稳时间序列的线性组合可能是平稳的（Engle and Granger, 1987）。如果这种平稳的线性组合存在，那么这些非平稳序列之间存在协整关系。本书通过使用 Johansen 协整检验可以发现 shibor 和温州指数之间存在协整关系。这表明利率对保持正规金融市场与非正规金融市场的稳定起着重要作用，这些变量间存在着长期均衡趋势，尽管在短期内可能出现一定的偏离。

表 4 - 7　　　　　　　shibor、温州指数的 Johansen 协整检验

原假设	特征值	迹（Trace）检验			最大特征值（Maximum Eigenvalue）检验		
		检验统计值	0.05 临界值	P 值	检验统计值	0.05 临界值	P 值
None**	0.356002	29.04774	15.49471	0.0003	24.20324	14.26460	0.0010
At most 1	0.084314	4.844499	3.841466	0.0277	4.844499	3.841466	0.0277

（四）实证检验及结果分析

1. 向量误差修正模型及其估计结果

向量误差修正模型是一种非结构性方法建立各变量关系的模型，应用于非平稳且协整的时间序列数据时，不但能够反映变量之间的长期均衡关系，而且能反映短期偏离向长期均衡调整的速度，能够描述变量间短期不均衡状态的动态关系结构。协整关系的存在表明正规金融市场与非正规金融市场存在着某种误差修正机制，这种机制能够调整以防止正规金融市场与非正规金融市场利率关系持续性地偏离长期均衡关系。

Johansen 协整检验表明 shibor、温州指数存在长期稳定的均衡关系，正规金融市场对非正规金融市场存在均衡机制。如果均衡受到某种干扰偏离均衡时，均衡机制将会自动调整回到均衡状态。shibor 为正规金融市场利率（FI），温州指数为非正规金融市场利率（IFI），则反映正规金融市场与非正规金融市场利率之间关系的 VECM 表示形式如下：

$$\Delta FI_t = \gamma_1 + \alpha_1 ecm_{t-1} + \sum_{k=1}^{n} \mu_{1k} \Delta FI_{t-k} + \sum_{k=1}^{n} \mu_{2k} \Delta IFI_{t-k} + e_{1t}$$

$$(4-1)$$

$$\Delta IFI_t = \gamma_1 + \alpha_1 ecm_{t-1} + \sum_{k=1}^{n} \mu_{1k} \Delta FI_{t-k} + \sum_{k=1}^{n} \mu_{2k} \Delta IFI_{t-k} + e_{2t}$$

$$(4-2)$$

其中，γ、α 和 μ 为待估计参数，下标 k 表示滞后的期数，ecm_{t-1} 为误差修正项，反映两种利率之间的长期均衡关系，α 反映调整到均衡状态的调整速度，μ 反映短期的动态调整特征。

模型的滞后阶数设定为 1，表 4 - 8 给出了 VEC 模型的估计结果，对数似然函数的估计值为 235.5904，AIC 和 SC 分别为 - 8.3619 和 - 7.8414，模型的整体解释力较好，模型中非正规金融市场变动以及正规金融市场变动都通过长期趋势项（误差修正项）和每个变量的滞后 1 期以及 2 期来解释，利率的短期波动对市场的均衡具有直接的影响。

表 4 - 8　　　　　　shibor、温州指数 VEC 模型估计结果

	ΔLIFI		ΔLFI	
	系数	标准差	系数	标准差
ecm_{t-1}	- 1.07567 ***	0.20189	- 0.23697	1.26028
ΔLIFI（ - 1）	0.338398 *	0.16229	0.296469	1.01311
ΔLIFI（ - 2）	0.211472 *	0.13928	0.709521	0.86946
ΔLFI（ - 1）	0.033395 *	0.02395	0.169953	0.14952
ΔLFI（ - 2）	0.006727	0.02421	- 0.050143	0.15111
常数项	0.0002	0.00155	0.003587	0.00965

注：*、**、***分别表示在 10%、5%、1% 的水平上显著。

从 VEC 模型的估计结果来看，温州指数受到了长期趋势项非常显著的负向影响，系数为 - 1.07567，在 1% 的水平上显著，说明非正规金融市场的波动受到长期趋势变化的影响，非正规金融市场利率将受到若干长期趋势因素的影响。从长期来看，非正规金融市场将不断进行新的结构调整，一些新型农村金融机构的产生、金融改革试验区的设立等政策变动都可能是长期影响非正规金融市场的重要因素。而在短期趋势项中，温州指数还受到自身滞后 1 期和 2 期的影响，在 5% 的水平上显著，说明非正规金融市场中前一期、二期利率会对当期利率形成具有重要影响，前一期、二期利率价格

在非正规金融市场、民间借贷中具有非常重要的参考价值，起到一种信号作用。并且，shibor滞后1期项对温州指数具有显著的正向影响，在5%的水平上显著，这说明正规金融市场的波动对非正规金融市场价格的形成具有冲击作用，相比较而言，温州指数滞后1期和2期项比shibor滞后1期项对温州指数的变动具有更为直接的影响，系数为0.338、0.211＞0.033，所以非正规金融市场受到自身市场波动的影响更大一些。

在shibor变动项中，既不存在长期趋势项的显著影响，也不存在短期趋势项的显著影响。这说明正规金融市场利率的形成具有很强的外生性，影响正规金融市场波动的因素是一些其他的外生变量，这些变量是来自央行的货币政策，具有很强的垄断力量。短期趋势项对shibor变动项影响不显著说明不但非正规金融市场波动对正规金融市场波动不会产生影响，而且正规金融市场波动自身也不会对后一期价格形成产生显著影响，正规金融市场利率形成、波动对非正规金融市场具有主导作用。

综合起来，可以发现，正规金融市场与非正规金融市场之间只存在单向影响，即正规金融市场波动冲击非正规金融市场，而不存在非正规金融市场影响正规金融市场，这证明了前面论述到的正规金融市场到非正规金融市场的单向传导机制，尽管本书研究所使用的数据仅是2013年10—12月的时间序列数据，但却也能够揭示这种传导机制的存在，导致这种情况的原因是市场结构的客观存在，以及正规金融机构的市场势力和垄断力量仍然较强，非正规金融市场在整个金融市场中处于附属地位。

2. 脉冲响应分析

脉冲响应分析能够很好地描述当遭遇扰动时，市场对冲击的动态反应。脉冲响应曲线能够揭示利率在第 t 期以后的持续变化方向。本书使用脉冲响应函数分析正规金融市场与非正规金融市场利率之间相互冲击的动态响应路径，并将冲击响应期设定为30期。在进行脉冲响应分析之前，需要对模型的平稳性进行检验，以确保该脉冲响应标准误差的有效性，从图4-8中可以看到特征根倒数的模均落在单位圆内或圆上，证明 VEC 模型稳定，基于该模型估计出的结果也是可靠的。

图 4-8 给出了温州指数对 shibor 脉冲响应函数图，其中横轴为脉冲响应函数的未来响应期数，纵轴表示价格对扰动项的一个标准差正向冲击的响应程度。从图 4-9 中可以发现温州指数对 shibor 在 1—2 期内是没有响应的，这说明了从正规金融市场产生的波动传导到非正规金融市场是存在一定的迟滞的。随后一直到第 5 期，shibor 的上升导致了温州指数的下降，随后在第 5 期到第 7 期之间又出现一个持续上升的阶段，温州指数随 shibor 的上升而有所上升，但只是小幅度上升，随后至第 10 期又有一个下降的过程，而在以后的时期内，出现一个平稳的过程，不再波动。但一直保持在负增长率的水平上，这说明利率自由化之后，正规金融市场的利率如果不断提高，则非正规金融市场的利率会在一定时期内存在一个持续下降的过程，利率自由化对非正规金融市场利率存在一个向下的压力，至于这个过程能够持续多长时间则需要进一步的研究和观察才能确定。

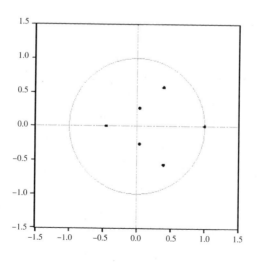

图 4-8　单位根倒数模的分布

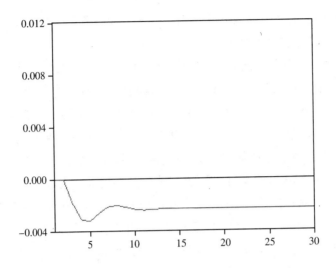

图 4 - 9　温州指数对 shibor 的脉冲响应函数

（五）利率自由化改善了小微企业融资权利

从以上 VEC 模型的分析中可以发现，利率自由化之后，正规金融市场利率缓慢上升，正规金融市场利率上升对非正规金融市场利率形成向下的压力。但按照理想的经济学逻辑来看，正规金融市场利率上升会导致银行等正规金融机构资金使用成本上升，从而挤出一部分客户，客户会更多地从非正规金融市场获取融资，相应地，非正规金融市场利率自然应该提高，但 VEC 模型实证研究给出的研究结果却截然相反，出现了矛盾或者悖论，什么导致了这种悖论？实际上，很多学者对利率自由化影响的研究都是从后者——理想的金融市场出发的，因此，很多研究会简单、直接地得出利率自由化对小微企业、农户等弱势群体客户好或者不好的结论，同时，这些结论也缺乏信贷市场动态研究的支持，无法预见利率自由化在不断变动、释放市场力量的过程中会对这些相对弱势客户群体的融资产生怎样的影响。

以往的研究都忽视了中国正规金融市场、非正规金融市场的结构性特征以及两者的传导机制，从而产生了悖论。中国的金融市场是一个在长期利率管制下扭曲的金融市场，它的结构性特征明显，并不符合严格意义上具有完全流动性的经济学假设，利率自由化只能是一个不断修正这些扭曲的过程，利率自由化的作用就是让市场决定利率，修正被扭曲的信贷资金价格。利率自由化释放了市场信贷资金稀缺的正确信号，贷款利率上限管制被取消后，央行严格控制流动性，货币政策从紧，首先在正规金融市场资金的稀缺性被市场捕捉到，拆借利率的上升波动就是正规金融市场的一个重要反应，贷款利率管制取消为金融机构向小微企业等相对弱势客户群体融资提供了必要条件，商业银行向小微企业的服务意愿提高，更为重要的原因是拆借利率的上升增加了商业银行资金使用的成本，为了弥补这些上升的成本，商业银行被迫寻找利润更高的贷款业务，在多数情况下，资金周转快的小微企业才能支付较高的资金价格，根据正规金融机构向非正规金融机构的传导机制，商业银行满足了小微企业的融资需求之后，小微企业向非正规金融市场融资的需求就会减少，那么非正规金融市场的利率就会降低，小微企业对非正规金融市场融资的依赖也会减少，更多地从正规金融市场获取融资，"金融脱媒"的形势也可以得到遏制和扭转，因此，可见利率自由化正在修正被扭曲的信贷资金市场，VEC 模型的脉冲响应结果也显示了利率自由化最终将会导致非正规金融市场利率恢复到一个较低价格水平的均衡，这样，小微企业即使从非正规金融市场获取资金，其融资成本也会降低，这不但减轻了小微企业融资的负担，抑制了"高利贷"现象的发生，而且提高了小微企业融资的可获得性。

从长远来看，利率自由化的作用将逐渐发挥修正市场扭曲的作用，金融抑制得到改善。利率自由化将使商业银行间的竞争加大，无论是在拆借市场还是在信贷市场，商业银行都将面临更大的竞争压力，资金与客户都会变得稀缺，资金使用成本的提高迫使商业银行改变自身经营方式以及客户选择群体，资金成本的改变将成为商业银行服务小微企业客户群体信贷技术创新的有力激励，因为传统的"抵质押物"信贷模式不能够支持商业银行利润的可持续增长，开发新客户成为银行的必然选择，服务客户群体逐渐下移。在这个过程中，面对小微企业客户，无论是商业银行还是农村信用社内部人控制的垄断行为，利率自由化都将促使其改变、完善信贷流程，逐渐纠正这种市场扭曲，最大限度降低"道德风险""逆向选择"问题，金融抑制带来的一系列问题也将在利率自由化过程中得到妥善解决。

（六）小结

在贷款利率限制被取消后，利率自由化进入新阶段，利率自由化政策的实施使市场开始发挥作用，调配资金，资金稀缺性逐渐显现出来，长期金融抑制政策导致的市场扭曲开始得到修正，资金稀缺、成本提高、利润压缩导致正规金融市场竞争程度增加，金融机构需要开发新市场来维持以往的利润水平，小微企业客户群体庞大，融资需求潜力巨大，将成为金融机构争夺的新市场。VEC 模型的估计结果证明了正规金融市场到非正规金融市场的传导机制以及结构性特征的存在，长期来看，利率自由化将有利于小微企业融资可获得性的提高，并且，在利率自由化过程中，非正规金融市场利率将有一个长期的下降过程，并维持在较低利率的均衡水平，小微企业融资成本也会降低。

利率自由化过程实际上是让市场发挥作用的过程，它的作用在于修正市场扭曲，释放市场活力，加大市场竞争，增强金融机构向小微企业供给融资的意愿，但是在这个过程中，单纯依靠利率自由化是无法达到这个目的的，尤其是在农村地区，推动农村金融机构多元化，增加地区金融机构的竞争程度是与利率自由化相配套的政策，在金融机构缺乏的地区片面推行利率自由化政策往往会增强当地金融机构的垄断力量，不利于小微企业、农户融资可获得性的提高。

三　本章小结

小微企业融资权利映射系统是小微企业融资权利的核心，直接影响到小微企业的融资可获得性。在同样资源禀赋集合的情况下，小微企业融资权利映射系统会导致小微企业不同的融资结果。在上一章中讨论了小微企业使用其自有资源禀赋获取融资的困难程度以及可能性，这一章全面地展示了小微企业融资权利映射系统，剖析了其映射机制，权利映射系统是导致小微企业在同样资源禀赋集合的情况下获得不同融资的根本原因，要改善小微企业融资状况，决策者要通过推动一系列政策、制度创新来改变小微企业融资权利映射系统，权利映射系统存在弹性问题，在不同阶段表现出不同的弹性，这影响了决策者实施政策的效果。

决策者推行了全方位的制度改革，推动融资权利映射系统变迁，在这个过程中，小微企业信贷市场的竞争程度得到提升，同时培育和创新金融机构融资供给模式，贷款利率上限管制的放开，释放了小微企业信贷市场上机构主体的活力，增强了金融机构向小微企业融资供给的意愿，这些都起到了推动小微企业信贷市场有效运行的作用。对于政府、小微企业、金融机构乃至整个社会来说，一个有效的市场明显要优于政府的干预与所谓的扶持。

第五章　权利映射系统的微观
绩效及其路径

　　小微企业融资权利映射系统的微观层面主要有两个方面的内容：信息生产以及信息生产基础上的金融机构，小额信贷的信息生产是融资权利映射系统运行的基本机制，信息生产的改进往往意味着信贷技术的创新以及机构对小微企业融资供给的改善，这些在第二章中已经进行了充分的讨论，在本章中，依据权利映射系统的微观信息生产机制讨论金融机构对小微企业的融资，将机构分为新型农村金融机构与商业银行来讨论，并在信息生产优化以及改进权利映射系统的基础上，讨论、给出金融机构改善小微企业融资权利的路径。

一　新型农村金融机构的比较分析

　　在推动农村金融机构多元化之后，多种新型农村金融机构不断产生，并且政府推动商业银行等正规金融机构对小微企业融资服务机制转变，小额信贷理念、技术的传播为小微企业融资改善提供了必要条件，无论是正规金融机构还是非正规金融机构受"小额信贷"的影响越来越大，其向小微企业融资供给的意愿也得到增强，不同金融机构对小微企业的融资供给机制是不一样的，那么这些机构对小微企业融资供给机制是怎样的？本章通过将商业银行[①]（晋

　　[①]　尽管严格意义上商业银行不属于新型农村金融机构，但是晋商银行这一类的商业银行也进行了股份制改造，并引入、创新了小额信贷技术，市场定位为小微企业客户群体，所发挥的功能与新型农村金融机构相同，因此，本书将这一类商业银行也纳入考察范围。

商银行）、农村信用社（山东省农信社）、小额贷款公司（杭州东冠小额贷款公司，以下简称东冠小贷）、资金互助社（丰富资金互助社）对小微企业融资供给机制进行比较分析，从而找出这些机制对小微企业融资权利映射系统改善的作用，本章将供给机制从组织结构、放贷流程、效益三个方面进行了比较分析。

（一）组织结构

组织是金融机构向小微企业供给融资的根本单位，面对不同类别客户（主要以企业规模为标准），金融机构采取了不同的组织架构，即便是在同一金融机构内部也采取了不同的组织结构以面对不同的客户。一般情况下，企业（客户）规模（年销售收入、资产规模）越大，则相应的组织结构就会越庞大、复杂，而规模越小，尤其是微型企业客户，则相应的组织结构就会简单、灵活，但是每个组织内部分工都十分明确，分工根据机构面向客户群体、所处地域而定，为了达到信息生产、购买，解决信息不对称的问题。

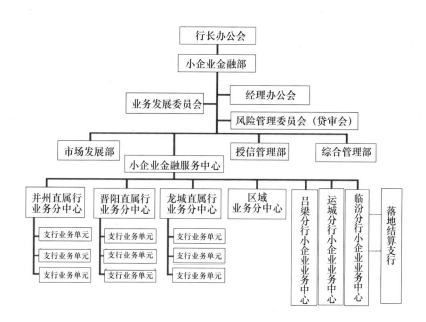

图 5 - 1　晋商银行小企业金融部组织结构

晋商银行将小微企业金融服务划分为两个部门专门负责，即小企业金融部（见图5-1）和微小企业金融部（见图5-2），小企业金融部定位客户为"年销售收入1000万元~5000万元或资产总额1000万元~5000万元"的小企业，小企业金融部直接对行长办公室负责，下设多个部门进行协调管理，并建立独立的审查岗、审批人审查贷款业务，具体的每笔贷款业务由客户经理负责，在每家支行下设业务单元，在分行直接设立业务中心。截至2012年7月小企业业务团队包括9个业务分中心共126人，专营、专注小企业金融业务。

相比较而言，微小金融部的组织结构就简单得多，微小金融部直接对总行负责，在每个支行、分行设立分部，每个分部直接设立微小金融团队，每一个团队包括主管、副主管2名，客户经理7名，后台人员1名。微小金融部客户经理人数由2010年的6人发展到2012年的49人。

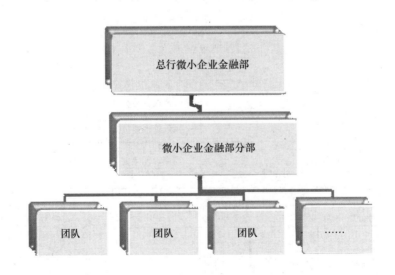

图5-2 晋商银行微小金融部

与商业银行相比，山东省农村信用社的多数地方联社还没有建立完整的小微企业信贷管理体系，没有明确的组织结构来专门负责小微企业融资，小微企业信贷业务仍然放在普通客户贷款业务中运营，依靠信贷员来发放贷款。资金互助社自身组织结构就非常简单，因此，其对小微企业融资组织就依靠自身组织来完成，资金互助社从农村社区选出信贷联络员，并付给信贷联络员一定的工资，协助互助社完成贷款发放。杭州东冠小额贷款公司的小微企业贷款业务则在信贷业务部与风险管理部的协同下完成。

表 5 - 1　　　　　　　　　　　组织结构设置比较

机构 组织设置	晋商银行	山东农信社	东冠小贷	丰富资金互助社
社区联络员	无	无	无	有
信贷员/客户经理	有	有	有	有
风险经理	有	无	无	无
贷款审查委员会	有	无	无	无
风险管理委员会	有	无	有	无

从以上的比较来看，不同组织的专业化分工水平不同，商业银行建立了分工最为明晰、专业化水平最高的组织结构，这应该与商业银行经营区域在城区有关，这种组织结构富有弹性，可因时间、客户不同而进行调整。其他金融机构由于在其经营区域拥有长期的信任关系，对本地情况熟悉，不需要再进行信息生产，信息购买成本更低，这一点在资金互助社体现得更为明显，社区联络员发挥了信息动态生产的作用，可见其在本土社区扎根之深，这可以保证贷款风险在可控范围内，因此，即便其组织结构简单却也可以向小微企业提供融资服务，并且保证风险可控。

（二）放贷流程

实质上，放贷流程是一个信息生产的过程，组织通过一系列调查手段获取客户的信用信息，还款能力和还款意愿是发生风险的关键点，放贷流程围绕客户还款能力和还款意愿展开。这些金融机构尽管在组织结构上存在一定差别，但都摆脱了传统依靠抵质押物的放贷模式，传统抵质押放贷模式重视客户资产、财务报表等"硬信息"，转而重视客户的信用、家庭状况、现金流等"软信息"，相比较而言，这些软信息能够更好地反映出客户的还款风险，并且，这种信贷模式是符合小微企业融资需求特点的，一般情况下，小微企业很难提供有效的抵质押物以及完整的财务报表，因此，这种灵活的放贷模式能够提供小微企业的融资可获得性。

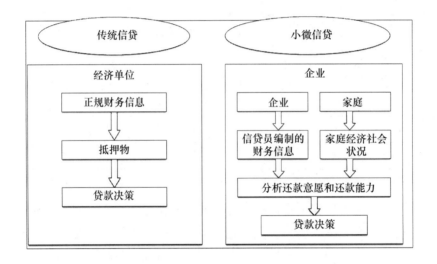

图5-3 晋商银行总结的传统信贷与小微信贷模式

这些金融机构的放贷流程大致相似，都包括贷款申请受理、贷前调查、贷款审查审批、发放贷款、贷后管理、回收贷款等几个主要流程，从流程复杂程度、完善程度比较来看，晋商银行的放贷流程是最完善的，并且非常注重客户资料、信息的积累，其业务的基本流程是：受理贷款、客户经理调查、风险经理调查、贷审会贷款审查与审核、放款审核、贷款入账，前两个流程主要由客户经理负责，需要整理客户信息，并拟成系统报告，记录存档，风险经理配合审查客户，制定风险经理调查报告，报告中要详细分析客户目前的资产和现金流状况，分析客户投资行业的风险点，然后客户经理调查报告和风险经理调查的风险报告一并转入授信审查环节，授信内勤人员进行管理，出具授信审查报告，并进行系统录入，总经理岗和风险总监进行最终审核，风险经理岗、授信审查岗、放贷审查岗和落地行负责人相互协作，最后由客户经理签订合同，发放贷款。晋商银行小企业金融部的贷款流程较为复杂，也较为严密，流程过于繁复，大致有 18 道程序，这容易延长放款时间，使客户贻误最好的投资时机，这对市场竞争是不利的，微小金融部就简单得多，流程大致有 6 道程序。

小额贷款公司、农信社的放贷流程与晋商银行大致相同，其放贷流程没有那么严密，并且放贷流程基本都在 10 道程序以下。丰富资金互助社的放贷流程最为简单，他们采取了论证员和协理员制度，从社员中精心挑选诚信度高、有威望、口碑好的人担任协理员，其贷前调查由协理员和论证员完成，贷款申请人直接到柜台办理贷款。

从信息生产的角度来看，晋商银行进行了新的信息生产，其流程安排的复杂性说明了信息初次生产成本是较高的，而丰富资金互助社的流程简单，其根本原因在于其制度安排帮助其直接购买了信息，这些信息是一些等待挖掘的信息，在乡村社区中，显然购买信息的成本要远远低于信息的再生产，互助社同时利用社员网络、乡村社区网络对信息进行验证，小额贷款公司则接近于晋商银行的微小金融部的生产流程，农信社放贷流程中的信息生产过程则介于晋商银行与丰富资金互助社之间，资金互助社几乎完全依赖于农村社会资本。

贷前调查、访查、交叉分析都是为了验证客户的信用以及风险状况，山东农信社在尝试推行"小企业信用联盟"，取得了一定的成效。陵县农村信用社 2011 年末至 2012 年 5 月共发放 3340 万元小企业联盟贷款，截至 2012 年 11 月底，寿光农村商业银行的专业市场商户联盟商户数为 3475 户、中小企业信用联盟会员数为 338

户、个体工商户联保贷款 180742 万元。广饶小企业信用联盟 4 个，入盟企业 17 家，累计发放贷款超过 5 亿元。

山东农信社小企业信用联盟案例

小企业信贷联盟是山东省农村信用社小微企业贷款产品的重要创新，小企业信贷联盟是为数不多的信用融资模式，这种贷款方式是基于群体信用设计的，能够有效化解企业道德风险，降低金融机构逆向选择的发生概率，并将实物抵押、质押转换为信用担保，是名副其实的信用贷款，降低了小微企业的融资成本，提高了小微企业的融资效率，同时能够改善当地信用环境，减少市场交易的摩擦成本。

小企业"信用联盟"是指由农村信用社、政府部门、行业协会、市场管理机构等共同组织，同一辖区内信用程度高、经营管理好的小企业资源申请加入组成的，具有融资担保互助职能的联合体，信用联盟贷款业务主要包括为信用联盟成员办理的贷款、票据承兑、贴现等本外币授信业务，贷款授信总额原则上在 400 万元以内。

小企业"信用联盟"的准入条件为：一是当地信用环境良好，政府部门对经济金融发展重视程度较高、辖内符合国家产业政策、信贷政策及农村信用社授信条件的企业；二是各类管理组织健全、运行良好的专业市场内经营稳定的小企业；三是区域内各类管理水平较高、经营效益较好、发展前景良好的企业自发组织成立相关的担保商会等的入会企业。

"信用联盟"贷款遵循"一次审批、分次申请、余额控制、循环使用"的原则，业务应当坚持客户自愿、严格条件的原则。信用共同体信贷业务实行风险保证金制度，风险保证金作为信用共同体成员办理信用共同体信贷业务的担保。保证金比例按授信总额的 5% 缴纳，统一在营业部设立专户管理。

信用联盟采用联合体形式，成员之间签订合作协议，以合作协议为纽带，由信用社与信用联盟成员直接议定融资、担保条件，办理融资担保事宜，信用联盟成员间共同签订信用联盟合作协议，组建信用联盟大会，小企业加入信用联盟需经过信用联盟大会通过。

信用联盟信贷业务应符合山东省农村信用社企业流动资金贷款、票据承兑等有关信贷制度规定的基本条件。信用联盟信贷业务采用住户核定融资额度的方法，融资额度采用循环融资额度的方式，循环融资额度在约定时间内可由借款人连续申请（不受次数和金额限制），只要申请额与已使用融资额之和不超过核定的最高循环融资额即可循环使用。信用联盟信贷业务采取"信用共同体成员联保"的担保方式，由信用共同体全部成员与信用社签订最高额联合保证合同，对各成员融资额度项下债务承担连带保证责任。

在日常管理上，信用联盟要建立"信用联盟"贷款台账、保证金台账、贷款按月结息、到期一次性偿还贷款本金和剩余利息或按合同约定分期偿还，在办理"信用联盟"贷款业务时，要在 24 小时之内将有关贷款及担保信息录入信贷管理系统和中国人民银行信用信息基础数据库。

在贷款程序上，山东省农村信用社对全体信贷联盟成员进行统一评级授信，然后按照普通贷款程序进行贷款调查、贷款审查和贷款审批。然后农信社公司业务部根据决策人审批意见，与信用共同体各成员分别签订融资额度合同，明确约定融资额度的种类、有效期限和最高余额，由公司业务部和相关保证人签订最高额保证合同，由保证人对特定成员企业办理信用共同体信贷业务形成的债务提供最高额保证担保。最高额保证合同与特定成员企业已签订的融资额度合同一一对应，信用共同体成员另外提供其他担保的，再签订相应其他担保合同。已签订融资额度合同及相关担保合同，并满足信用社要求的其他条件的情况下，用信时，由信用联盟成员提出书面融资额度支用核准申请书，公司业务部按法律法规、章程及融资额度合同中约定的相关条款尽职审查，符合规定的，由公司业务部经理在融资额度支用核准申请书上签署明确核准意见，用信申请人据以直接办理贷款资金入账，票据承兑或其他业务。贷后管理与普通贷款基本相同，差异在于贷款不能偿还时，公司业务部将"保证金偿还逾期贷款通知书"书面通知各联盟企业，并要求各联盟企业于扣款后 5 日内根据各自比例将保证金差额补齐，对于保证金不足以偿还全部贷款本息的，原则上由各联盟企业根据各自的贷款比例大小来共同承担还款义务。同时，信用社有权要求任何一个保证人承担保证责任。

表 5 – 2　　　　　　　2012 年 10 月山东某县联社客户担保、抵押分类

方式	贷款笔数	贷款户数	当前余额（万元）	占比（%）
信用	55	55	30	0.01
保证	13538	8319	134813	59.74
抵押	2017	1786	72724	32.23
质押	77	67	18101	8.02
合计	15687	10227	225667	100

　　相对其他机构，农信社总体上信贷技术创新是缓慢的。尽管农信社在农村有着天然的历史优势，但农信社又处于转型过程中，其信息生产过程处于资金互助社与商业银行之间，相对于其他金融机构，农信社在信贷技术创新方面是不足的，如表 5 – 2 所示，从山东某县联社 2012 年 10 月的贷款分类来看，农信社贷款中非抵质押贷款已经占了较大的比例，达到 59.74%，但是抵质押贷款占比仍然比较高，占比为 40.25%，信贷技术、放贷流程创新不足严重阻碍农信社信息生产不足，导致其在农村金融市场中难以发挥其应有的优势，因此，信息生产、信贷技术创新、放贷流程的重新安排将是农信社改革的核心内容。

　　总体上，无论哪种放贷流程的安排，其本质目的都在于准确获取信息、规避风险，这些新型金融机构的放贷流程安排几乎完全符合小微企业的融资需求特点，从小微企业融资权利映射机制来说，传统的抵质押物贷款模式，几乎完全阻断了小微企业融资的可能性，导致小微企业融资权利失败，新兴金融机构以及信贷技术的创新不再对小微企业要求提供抵质押物，而是依据小微企业信用对其放贷，信贷技术的转变增加了小微企业融资的供给曲线，这些信贷

技术的传播对小微企业融资权利映射系统是一个帕累托改进，其映射机制的改善将提高小微企业的融资可获得性。

（三）效益

在相应的组织基础上搭建好流程之后，这些机构尽管组织结构不同，但在对小微企业融资实践中都发挥了不小的作用。晋商银行小企业金融部对小企业的贷款从 2012 年 1 月的 3700 万元迅速增长到 2012 年 6 月的 37079 万元，增长了十倍多，而微小金融部对小微企业贷款则从 2012 年 1 月的 4231.8 万元增长到 2012 年 6 月的 8845.5 万元，增长了两倍多。

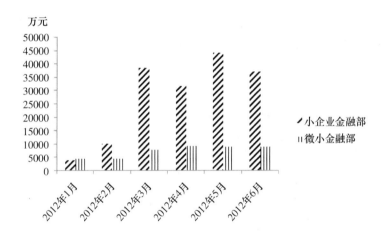

图 5 - 4 晋商银行小企业金融部与微小金融部贷款余额

从 2010—2012 年，东冠小额贷款公司当年累计贷款总额平均每年增长约 22.42%，也实现了快速增长；丰富资金互助社贷款也实现了快速增长（见图 5 - 6），从 2008 年 10 月的 141.9 万元增长到 2009 年 12 月的 458.07 万元。

从生产效率来看，晋商银行完成一笔小微企业贷款从申请到发放贷款大致用 3—4 天，山东农信社贷款从申请到贷款发放大致用 6 天，东冠小额贷款公司大致用两天左右，东冠小额贷款公司生产效率最高。在保证较高生产效率的同时，贷款不良率仍被保持在较低水平，如晋商银行微小企业金融部贷款2012年7月，逾期率为2.29%，不良率为0.61%。

小微企业贷款也创造了较高的收益。如晋商银行小企业金融部在2011年人均客户经理放贷额度为2712.37万元，在2012年上半年为1974.1万元。微小企业金融部客户经理人均贷款从2010年的128.33万元上升至2011年的943.03万元，增长将近8倍。小企业金融部在2012年上半年客户经理人均总利息收入为32.43万元，纯利息收入为25.74万元。丰富资金互助社从2008年4月至2011年9月，共吸纳互助金11545万多元，投放互助金6772万元，服务农户6414户，向社员返还红利22.7万元；丰富农民资金互助合作社2008年末收入22.46万元，2009年末未分配盈余达到36.77万元，2010年末分配盈余111.4353万元，收益增长迅速。

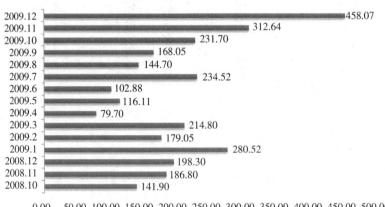

图5-5 丰富农民资金互助社贷款状况

（2008年10月—2009年12月，单位：万元）

（四）小结

从以上新型农村金融机构的比较来看，这些新型金融机构都根据自己所处的市场位置，围绕信息生产进行了分工安排，在分工的基础上，产生了不同的组织，组织结构是金融机构的核心内容，并且在不同程度上，这些新型金融机构都在原有的传统信贷模式上进行了创新，这些信贷技术的创新改变了对小微企业放贷"抵质押物"的严重依赖，有效地化解了信息不对称和道德风险问题，新型金融机构贷款的快速上涨说明了创新的信贷机制的有效性，新型金融机构、创新的信贷技术使得小微企业融资市场潜力得到快速释放，说明对于小微企业融资供给不存在统一、确定的最先进模式，只有最适应本土实际，且有效生产信息、规避风险的组织、信贷模式才是最有效的信贷模式，新型农村金融机构的发展、信贷技术的创新传播将深刻地改变小微企业融资权利映射机制，推动小微企业融资权利映射系统曲线向左上方倾斜，提高小微企业融资可获得性。

二 商业银行的小微企业融资模式及其路径分析

（一）问题的提出

在上节中，探讨了新型农村金融机构的小微企业融资供给，但必须意识到，正规金融机构，即商业银行仍然是主要的信贷供给者，因为商业银行无论是规模、网点、信贷量都远远超过新型农村金融机构，在整个金融市场中占有主体地位。

小微企业发展面临诸多困难，如由于规模的限制，小微企业在劳动力、资本、信贷市场的竞争中都处在相对弱势的地位，尤其是信贷市场歧视的普遍存在，小微企业从正规金融机构中获取融资的难度较大，以小企业为例，根据金融机构贷款投向统计数据，2012年上半年各大金融机构向小企业贷款在总贷款中所占比为18.23%，不足20%，这与小企业对工业总产值中近30%的贡献是极不相符的，这种情况亟须改变。

如何改变小微企业融资困境，有的学者提出发展民间金融和改革金融体制来解决中小企业融资难问题（樊纲，2000），还有的学者提出"大力发展和完善中小金融机构是解决我国中小企业融资难问题的根本出路"（林毅夫、李永军，2001），实质上，这两种观点都是寄希望于改变现有金融机构的存量来改善小微企业融资供给，但是都不能涉及机构层面的信贷技术创新，如果单纯依赖改变金融机构存量，而不在机构层面的小微企业信贷供给技术进行创新，那么小微企业融资难的状况仍然会难以改变，这两种观点忽略了五大国有商业银行在金融机构中的寡头垄断地位，并且新兴的城市商业银行也逐渐成为金融市场中强有力的竞争力量，如果缺乏这些金融机构的参与，而简单地推动中小金融机构或民间金融的发展，政策实施效果就会大打折扣，因为这两种观点实际暗含了只有中小金融机构才能供给小微企业融资贷款，但现实中大型金融机构只要进行适当的信贷技术创新，大型金融机构同样可以对小微企业提供信贷服务，甚至在某些方面比中小金融机构更具有优势。

商业银行对小微企业融资模式的创新探索在很大程度上是由政府推动的。2011 年 5 月 25 日，中国银行业监督管理委员会发布《中国银监会关于支持商业银行进一步改进小企业金融服务的通知》（银监发〔2011〕59 号），该通知确立了"商业银行的六项机制和四独原则"，并鼓励商业银行小企业信贷业务专营化运作。同年银监会 10 月 24 日的补充通知（银监发〔2011〕94 号）明确商业银行小微企业贷款增量目标。2012 年 4 月 26 日国务院办公厅发布《国务院关于进一步支持小型微型企业健康发展的意见》，提出"鼓励商业银行增加小微企业贷款量，拓宽小微企业的融资渠道，规范商业银行对小型微型企业的融资服务"。这些政策直接推动了商业银行对小微企业信贷模式的创新，银监发〔2013〕37 号文件在商业银行的监管指标方面的改进改变了商业银行对小微企业融资供给的创新激励，创造了相对宽松的政策条件，商业银行的信贷技术创新陆续开展。那么，商业银行对小微企业融资的主要模式有哪些？这些模式是否能够有效解决小微企业融资难的问题？这些模式的绩效又如何？我们可以从中总结哪些有效途径？此处将利用相关资料和数据进行分析回答以上问题，介绍国内商业银行对小微企业融资的主要模式和绩效情况，并给出商业银行增进小微企业融资业务的有效路径。

（二）商业银行对小微企业融资的主要模式

国内商业银行对小微企业融资模式的探索是不一而足的，有些商业银行起步较早，引进国外商业银行对小微企业融资模式，对小微企业融资积累了相当的经验，如包商银行在 2005 年 8 月成为国家开发银行与世界银行以及德国复兴信贷银行合作的"中国商业可持续小微企业贷款项目"试点银行，并引进德国微贷技术，于 2006 年 3 月成立微小企业金融部。有些商业银行则起步较晚，但其业务发展却极为迅速，如工商银行 2011 年 8 月在广东地区试点推出了"小额便利贷"业务。商业银行对小微企业融资的模式大致可以分为以下几种。

第一种商业银行对小微企业融资的模式是"信贷工厂"模式，这种模式一般适用于网点众多、分布广泛的大银行。在大型国有银行中，以中国银行的信贷工厂模式最为典型。2008 年，中国银行开始引进新加坡淡马锡金融控股集团的信贷工厂模式，中国银行的信贷工厂为中小企业客户设计，信贷工厂模式主要特点是集中化、流程化和公式化，要求每个操作都必须标准符合规范，通过设计标准化产品，将所有放贷环节都置于一整条流水线上，其贷款基本流程包括客户申请、贷款调查、审查、审批、贷款发放、贷款回收和信用评分（汪兴隆，2012）。在信贷工厂模式上，大型国有银行具有显著的优势，如网络众多、网点多，具有非常精密准确的信用风险管理工具，模型和技术都非常先进，并且大型国有银行对系统性风险具有很强的预期、把握和防控能力，由于小微企业比较弱小，易受经济波动影响，这方面大型国有商业银行能够很好掌控。

尽管信贷工厂模式追求高效率，但在实际操作中，对小微企业贷款的发放难免受到银行自身管理结构的限制，如大型国有银行的管理层次较多，这很容易导致一笔贷款难以在较短时间内得到发放，这显然不符合小微企业"短、频、快"的融资需求特点。本质上，信贷工厂模式是一种依赖于系统性风险防控的信贷模式，它难以做到对每一个贷款客户的细致识别区分，只能通过对系统风险的控制来降低贷款不良率和提高贷款收益率，其后期的信用评分既能够为客户提供还款激励，又能够甄别客户，在客户数据得到相当大数量的积累之后，在原模型基础上加以改进，使之更加精确，那么信贷工厂操作办法的成本就会大大降低，从而具有较强的持续性。

第二种商业银行对小微企业融资的模式是专业银行模式，即整个银行围绕一种针对小微企业融资的产品进行运作，同时开发出不同种类的小微企业贷款产品，其特点是这样的银行往往小微企业贷款占有较大比重，将小微企业贷款市场视作极为重要的市场，将其放在战略位置。民生银行是这一模式的典型代表，民生银行通过专门设立中小企业金融服务部和小微企业金融部，以及在地方设立村镇银行，在专业和地域上向深度和广度扩展业务，推出"商贷通"，采用"规划先行、批量营销、标准作业"的策略（冬晓，2011）。在一些中小商业银行中，对小微企业融资的专业化服务水平也在不断提高，如包商银行和浙江泰隆商业银行，在有些地域范围内，这些商业银行甚至成为对小微企业融资的主要机构，专业化水平的不断提高增加了小微企业融资的可得性（胡海峰、赵亚明，2012）。

第三种商业银行对小微企业融资的模式为事业部模式。事业部模式为商业银行下设专门的对小微企业融资的部门、中心或特色支行，对小微企业融资业务进行集中管理，将小微企业融资业务落实在每一个支行，实行纵向管理，与专业银行模式不同的是，事业部模式并不将小微企业融资业务视为"蓝海战略"，商业银行往往实行多样化经营，小微企业业务只是其中之一，这种模式在多数股份制中小商业银行中较为常见，如九江银行的小企业信贷中心是九江银行于"2006年引进IPC公司小微企业贷款技术，通过建立分行级的小企业信贷中心来推动小企业金融服务的开展"（陈一洪，2012），同样地，晋商银行则成立了小企业金融部和微小企业金融部，分别为小企业和小微企业提供相应的融资服务。

第四种商业银行对小微企业融资的模式为产业链模式。产业链模式是商业银行基于小微企业上下游相关产业、企业运营周期以及相关现金流的信用评价而对小微企业进行的放贷模式，这种模式重视小微企业市场前景、上下游产业的关联性以及现金流的回笼风险，一般表现为供应链金融（陈一洪，2012）以及应收账款融资池等形式，产业链模式的意义在于它启发商业银行不断围绕企业所从事产业的纵向（即上下游）和横向（即周围市场或商圈）不断发现新的价值点，从而可以形成一条完整的价值链，拓展原有业务，增加获取利润点和风险防范点，这对小型商业银行业务发展尤为重要，这种模式得到了较高的认可，分别于 2007 年、2008 年和 2009 年获得中小企业融资特别贡献奖、最佳创新技术奖和最佳供应链金融奖。

（三）商业银行对小微企业融资的绩效

不同类型的商业银行采用了不同的融资供给模式，或者同时采用几种模式，尽管模式不同，但都实现了小微企业融资供给量的快速增长，绩效显著。首先，从 2011—2012 年各大国有银行实现小微企业贷款的快速增长。截至 2012 年 3 月，中国银行的"中银信贷工厂"已在中行 27 家省级分行推广实施，2011 年末小企业贷款余额超过 3800 亿元。工商银行通过"网贷通"和"易融通"两种产品，2011 年累计向小微企业发放超过 3000 亿元贷款。中国农业银行在 2011 年向小微企业发放贷款余额为 5752 亿元，其中县域内小微企业客户数为 2.5 亿。2012 年，中国建设银行对小微企业贷款余额达到 7455 亿元。民生银行 2012 年对小微企业贷款余额突破 3000 亿元。由此可以发现，大型国有商业银行对小微企业信贷业务发展迅速，在信贷规模上已经有所突破，为未来市场拓展奠定了基础。大型国有商业银行小微企业融资量的快速发展说明了大银行同样能够对小微企业客户提供融资服务，在对小微企业提供融资时，相对于中小商业银行，其在信贷资源、网点、规模、成本等多方面的优势反而更为明显。

中小商业银行的小微企业信贷业务发展也极为迅速，2011 年末，包商银行小微企业贷款余额达到 69.92 亿元，利润达 5.75 亿元，而到 2013 年 2 月初，累计发放小微企业贷款 1376 亿元[①]。截至 2012 年 3 月末，九江银行对小微企业贷款余额达到 18 亿元，客户达到 1.4 万户，这两家银行都对小微企业贷款的不良率进行了较好的控制。股份制商业银行应对小微企业贷款风险手段相对大型国有银行较为有限，可以使用的手段如发行金融债，2012 年 8 月南京银行决定发行 50 亿元的小微企业贷款专项固息金融债。总体上，商业银行小微企业贷款的不良率较低，风险被控制在可控的范围内，根据银监会统计显示，2012 年 6 月末，商业银行小微企业贷款的不良率为 2.4%，说明只要信贷模式合理，商业银行就能够对小微企业客户进行有效筛选，也能够有效规避逆向选择、道德风险等问题，小微企业的信贷风险也是可控的。

（四）商业银行对小微企业贷款的路径总结

总体上，商业银行对小微企业贷款一般要遵循专业化、信息甄别、风险防控以及标准化等原则。尽管商业银行对小微企业贷款的模式不一而足，但这些商业银行基本都遵循了以上全部或部分原则，同时依据自身特点以及所处区域位置，设计了不同的小微企业贷款产品以及操作流程。这些原则阐述如下：

1. 专业化原则

商业银行对小微企业贷款的组织架构以及分工都要求商业银行按照专业化原则进行，成立专业部门或新组织是小微企业贷款业务得以进行的组织基础，这就要求商业银行小微企业贷款业务团队具备专业化的小微企业信贷知识以及技能，能够有效识别客户以及信贷风险。专业化的含义不仅在于要求商业银行成立专业部门，或商业银行自身从事小微企业信贷业务的专业化，还在于要求商业银行

---

① 参考新浪财经网站 http://finance.sina.com.cn/money/bank/renwu/20130205/170814510850.shtml.

能够对小微企业信贷市场进行细分，对小微企业客户进行有效定位，或因应不同成立相应的特色支行，对小微企业的上下游产业链进行有效捕捉，从而拓展小微企业信贷市场。

2. 信息甄别原则

信息甄别原则要求商业银行对小微企业贷款的业务操作过程中不断开发新的信息甄别技术，建立新的贷款审批、调查制度，从而能够有效、准确传递信号，开发新的贷款机制以防范或缓解逆向选择和道德风险问题（陈幸幸、黄长征，2012）。实际上，在小微企业贷款中，逆向选择和道德风险问题才是商业银行风险的根本问题，抵押或质押所发挥的作用正是如此，但当抵质押价值在一定范围内时，抵质押也不能够有效防止逆向选择和道德风险问题的产生，因此，信息甄别的原则就要求贷款机制能够发现或挖掘导致以上问题的信息，并将信息有效传递到决策阶段。

3. 风险防范原则

风险防控原则要求商业银行对小微企业贷款要尽可能降低贷款风险，而这些风险既分布在每一笔贷款业务中，又在整体上分布，多数商业银行防范小微企业贷款风险的机制主要针对每一笔贷款业务，但在整体上分布的风险却忽视了，这一原则要求商业银行要重视利润和风险之间的平衡，即如果商业银行的贷款机制设计是针对每一笔贷款业务的风险，那么很可能导致利润不能达到最大化。这一原则的重要意义在于促使商业银行经营战略或策略发生变化，其含义被很好地总结为"大数定理"（陈勇俊，2011）。

4. 标准化原则

标准化原则要求商业银行不断改进小微企业贷款流程，使小微企业贷款流程标准化，操作程序实现流水作业，即不因人员变动而导致贷款业务的成败，即贷款的决策要更多地依赖技术和标准，而不是依靠商业银行信贷员或贷款决策层的主观判断；同时，标准化原则的含义在于信贷成本的降低和实现信贷规模化。实际上，有不少商业银行对小微企业融资的模式是依赖信贷员的操作而进行的，这不符合标准化原则，其后果就是小微企业信贷成本提高，以及信贷周期较长，人为因素造成的风险难以回避，人情缔结更容易造成信贷员和企业合谋，以致产生道德风险问题。

商业银行在实际的小微企业贷款业务中要遵循以上原则，小微企业信贷产品初期的设计要考虑到标准化原则，而部门或组织机构框架的搭建要考虑专业化原则，在贷款流程的设计上要充分考虑信息甄别原则和风险防范原则，这些原则共同组成了商业银行对小微企业信贷业务的基本路径，同时也是评价或预测一家商业银行小微企业信贷业务的有效工具。

（五）小结

商业银行对小微企业融资模式依据商业银行自身条件及其所处地域环境而设计，在业务的实际操作中，这些模式都表现出较好的运营效果，无论大型国有商业银行还是中小股份制商业银行小微企业贷款量都实现了较快增长，这对小微企业发展具有极大助力。并且，需要特别注意的是，大型国有商业银行小微企业融资供给量的快速增长表明大银行同样能够对小微客户提供融资服务，大银行与中小金融机构的相对优势说明小微企业融资供给完全可以在不同规模的金融机构之间同时进行，而不一定仅仅就是中小金融机构对小微企业客户提供融资服务。

通过对这些模式进行分析可以总结出商业银行小微企业信贷业务需要遵循的基本路径，即专业化原则、信息甄别原则、风险防范原则和标准化原则，商业银行对小微企业信贷业务的设立、开展要充分考虑这些原则，以避免业务发展模式偏颇导致的局限性，从而从根本上优化小微企业贷款业务，促进小微企业信贷业务的发展。

总结起来，商业银行对小微企业融资模式的进一步突破可归纳如下。

第一，建立起专业化的组织系统。商业银行对小微企业进行融资离不开专业化的组织团队，这一组织团队的理念有别于传统信贷理念，这要求组织系统的创立者，即商业银行的领导者必须具备为小微企业服务的良好理念，组织系统从创立开始就要紧紧地围绕这一理念展开，进而是团队信贷员的选取，由于商业银行对小微企业融资具有一定的创新性，这要求这个团队的信贷员思想具有开放性、思维活跃，能够接受并理解这一理念，对员工进行统一培训小微企业信贷技术。由于对小微企业融资需要满足小微企业快速流动资金的需求，即较快的贷款发放速度，同时又要降低银行的放贷成本，这个组织系统要尽量扁平化，中层管理者不宜过多，以此提高放贷效率，降低放贷成本。同时，这个组织系统要具备较强的风险防控能力，可以成立风险管理委员会，也可以设立贷款审批委员会，对贷款风险进行防范、控制。

第二，设计标准化的贷款产品。标准化是商业银行提高放贷效率的必由之路，尽管小微企业的融资需求可能存在一定差异，但在商业银行对小微企业融资业务达到一定规模之后，要避免依靠人力扩张小微企业贷款规模，通过对小微企业融资风险点的识别和累积，商业银行可以逐步把小微企业融资需求模型化、标准化，由定性分析转向定量分析，使放贷模型逐步完善，实际上，一家商业银行的小微企业信贷产品的成败不在于几笔贷款的损失，而是在于贷款产品既能够有效避免系统性风险，又能够普遍地降低放贷成本，同时能够最大限度地降低客户的道德风险问题，不断积累和完善的标准化小微企业信贷产品完全可以同时胜任以上三种要求。

第三，小额信贷技术的推广与更新。小微企业融资的关键在于小额信贷技术的实施和创新，通过小额信贷技术可以甄别过去传统融资模式下无法识别的风险点，模型化的操作可以将风险分布量化，并且直观，对风险管理者管理风险具有最为直接的帮助，建立某一阈值可以形成更为有效的风险预警系统。单纯实施小额信贷技术并不能完全预防系统性风险，这些技术要定期或不定期地进行更新，其途径在于国内外业界的交流和自我创新，自我创新是技术更新的内在原动力，它依赖于员工的实际经验、理论知识和激励，合理的激励机制可以有效激发员工的创造精神，从而不断更新商业银行对小微企业的信贷技术。

三　本章小结

　　小微企业融资权利映射系统的微观分析表明，小微企业融资过程中不同组织的信息生产存在一定的差异，不同组织的信息生产分工存在差异，因其客观条件而进行不同的生产分工布局，在特定条件下非与其相适应的分工、组织结构而不能有效运行。因此，不存在所谓的最优的小微企业融资模式或组织结构，而只存在与其客观条件、基本信息结构最相适应的组织模式，正是在这个基础上，众多新型农村金融机构得以有效运行，并能够向农户、小微企业提供融资，同样，商业银行作为金融市场的主体，也需要经过有效的创新，根据其自身资源禀赋、信息结构优化其小微企业放贷中的信息生产分工，创新融资供给模式，从而推动小微企业融资权利映射系统的整体优化，改善小微企业融资权利，提高小微企业的融资可获得性。

第六章 货币资源对小微企业融资影响的实证分析

一 货币供给

货币研究很少与小微企业融资研究联系在一起，森的权利方法却能将两者联系在一起，从权利方法来看，货币资源就是小微企业融资权利映射的目标或对象，小微企业融资行为就是获取经济体中的货币资源，客观来看，货币政策以及其他不确定性因素对货币量的影响将波及小微企业融资，而融资又将影响企业产出，从这个方面来说，货币显然是非中性的。

从2008年金融危机开始，"钱荒""跑路""高利贷""非法集资"等与融资有关的关键词屡屡出现，频率越来越高。如果说2008—2012年货币政策从紧，经济中货币供给量减少导致了小微企业、民营企业融资难，但是从图6-1给出的货币供给情况来看，M0处于非常平稳的状态，没有发生很大的波动，M1有较大的上涨，但总体也比较平稳，变化最大的是M2，M2从2008年到2012年快速上涨，无论如何，货币市场的货币供给是充足的，从这点来说，货币供给减少或者"钱荒"并不能导致企业的融资状况恶化——至少货币供给总量上来说是充足的，那么什么是导致小微企业融资难的真正原因？

货币政策追求的目标是宏观经济的稳定，防止经济衰退，逆周期的货币政策工具操作更是凯恩斯主义以及新凯恩斯主义管理宏观经济的经典法则，在主流经济学的教科书里成为必须教授的内容。

也就是说货币政策追求的目标里小微企业融资并不是主要内容，甚至可以说是不被考虑的内容，因此，小微企业融资量并不能成为货币政策追求的目标来管理货币供给量，货币政策对小微企业融资来说是个很强的外生变量。

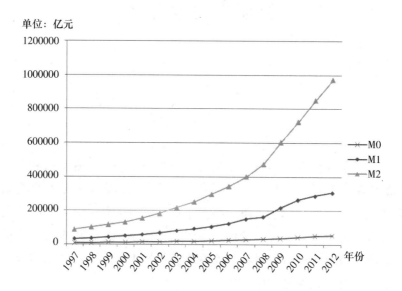

图 6 - 1　货币供给量

那么货币供给量或货币资源是否能够影响小微企业融资，货币政策对货币供给量的管理是如何影响小微企业融资的，其融资机制是怎样的？权利方法里提供的研究某种权利的资源角度，在信贷市场又是怎样一种状况，毕竟，货币与粮食以及其他实物商品是不同的，货币在不同地区的分配对小微企业融资可获得性会产生怎样的影响？基于货币资源对小微企业融资的影响，对应于小微企业融资的货币政策又该是怎样的？本章将从货币供给和信贷资源两个层面对以上问题进行分析回答。

二　实证分析

在第二章中已经讨论货币资源、信贷资源对小微企业融资可获得性的影响机制，信贷资源的分配可分为空间和时间分配两种，在理想的市场条件下，空间分配可能是没有意义的，因为地理意义上的信贷资源量的差别会因为利差的吸引而抹平，信贷资源在空间上的分配不会对小微企业融资产生影响，但是现实中，空间距离等一切其他不确定性障碍因素都构成了信贷资源在空间上的流动性成本，流动性成本可以引申为交易成本（R. H. Coase，1937），流动性成本导致了信贷资源空间分配的差异。信贷资源在时间上的分配、变化则与经济形势有较强的关系，货币政策的逆周期操作是央行保持经济稳定的常用策略，但是信贷资源在时间上分配对小微企业融资的影响需要进一步的验证。

（一）数据来源

信贷变量数据使用了《中国金融年鉴 2008—2012》的信贷数据，小企业融资量使用了《中国工业统计年鉴 2008—2012》的数据，由于微型企业数据统计是从 2012 年才开始的，只能使用了规模以上小企业数据，并将小企业流动负债、负债作为融资量使用，流动负债只计算一年内需要偿还的各项债务，如短期借款、应付账款等，负债则同时包括流动负债和长期负债。

（二）计量模型、变量

为了找出信贷资源在空间和时间分配上对小企业融资的影响，模型使用了 2007—2011 年各个省份的信贷数据、小企业数据，变量分别为：小企业融资量 1（负债 loan1）、小企业融资量 2（流动负债 loan2）、存款余额（credit）、中长期贷款（long）、短期贷款（short）、现金投放（curr）为面板数据，使用两种融资量分别构建两个模型检验信贷资源变化对小企业总融资以及短期融资变化的影响，为式1和式2，而通过对各个变量取对数后再进行回归估计可得到小企业融资量对信贷资源的弹性系数变化值，即式3和式4，模型3和模型4中再包含现金投放变量，因为现金投放变量可能是负值，无法取对数，模型3和模型4系数即为弹性变化值。

模型的基本形式为：

式1 $loan1_{it} = \beta_0 + \beta_1 credit_{it} + \beta_2 long_{it} + \beta_3 short_{it} + \beta_4 curr_{it} + \gamma_i + \gamma_t + \varepsilon_{it}$ （6-1）

式2 $loan2_{it} = \beta_0 + \beta_1 credit_{it} + \beta_2 long_{it} + \beta_3 short_{it} + \beta_4 curr_{it} + \gamma_i + \gamma_t + \varepsilon_{it}$ （6-2）

式3 $\ln loan1_{it} = \beta_0 + \beta_1 \ln credit_{it} + \beta_2 \ln long_{it} + \beta_3 \ln short_{it} + \gamma_i + \gamma_t + \varepsilon_{it}$ （6-3）

式4 $\ln loan2_{it} = \beta_0 + \beta_1 \ln credit_{it} + \beta_2 \ln long_{it} + \beta_3 \ln short_{it} + \gamma_i + \gamma_t + \varepsilon_{it}$ （6-4）

i、t分别表示省份与年份，其中γ_i、γ_t分别表示与省份、年份相关为观察到的因素，ε_{it}表示随机扰动项。

央行可以通过存贷比、窗口指导等信贷政策影响信贷资源的分配，信贷资源在空间和时间上的分配进一步影响小企业融资可获得性，但是信贷政策是不能被直接量化的，只能使用不同信贷资源供给量作为代理变量来观察信贷政策变动的影响。

（三）债务结构变化及其后果

流动负债、负债增速放缓可能是小企业融资变难的重要原因。从2007—2011年小企业的流动负债与负债上涨放缓（见图6-2），客观来看，尽管债务对企业造成了一定的压力，但在很大程度上也起到了融资的作用，比如小微企业在长期的市场竞争与合作中所形成的信任关系就起到了信用的作用，信用在经济快速增长过程中得到快速积累，能够缓解小企业的融资困难，基于信用产生的应收账款、应付账款甚至私人借贷是经济繁荣、外贸快速发展时期大量存在的，其起到的融资作用未必低于银行贷款，这是小微企业整体所面对的融资环境，小微企业依赖非正规金融市场的融资途径，市场乐观，就能产生更多的信用，小企业流动负债、负债就是这种信用增长的体现。

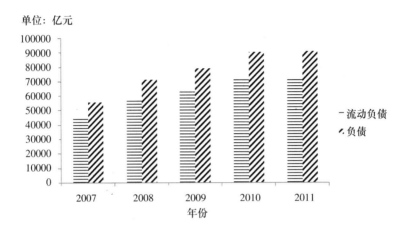

单位：亿元

年份

图6-2 小企业负债增长情况

但是从每年的增速来看，小企业无论是流动负债还是总体负债增速都在放缓，从2007—2008年小企业负债增速为28.12%，流动负债增速为25.54%，但是从2010—2011年小企业负债增速仅为0.51%，这说明小企业的融资环境在恶化，信用在大幅缩减，非正规金融市场来源途径也在减少，并且小企业的债务结构在发生很大变化，图6-3给出了小企业从2007—2011年债务结构的变化，从中可以发现小企业流动负债比例在逐渐下降，尽管下降趋势并不明显，但这说明了小企业所处的流动性环境正在变差，一些短期借款可能不得不转化为长期负债来处理，小企业所承担的债务也在加重，短期借款减少将会使小企业资金周转更加困难，一些长期依赖的信用可能发生恶化，非正规金融市场上"信用"破产导致了越来越多的"跑路"现象发生，这也是在2008年金融危机发生之后，温州乃至江浙一带"跑路"案件频发的根本原因，那么信贷资源的分配——信贷政策对这又该负有多大的责任？模型1和模型2的面板分析将给出更多的可供选择的答案。

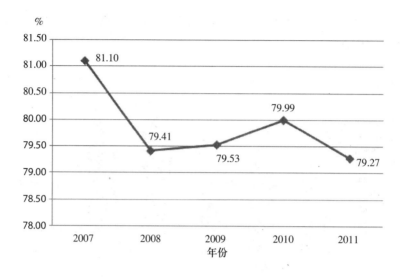

图6-3　小企业流动负债占负债比例

（四）模型回归结果及相关分析

本书使用 Stata 12.0，对模型进行了回归，首先对模型进行整体识别，结果为"强平衡面板数据"，然后分别使用面板数据的混合效应、固定效应、随机效应模型进行回归，这样可以从不同角度来显示信贷资源分配在小企业融资中的作用，回归结果如表6-1所示，从模型统计量值以及模型显著性水平来看，显著度非常高，模型整体良好，具有较好的解释力。

1. 关于存款余额

从混合效应、固定效应、随机效应回归结果来看，存款余额并不是一个对小企业融资具有显著影响的变量，存款只在混合效应中对小企业流动负债产生了非常显著的负向影响，在多个模型中并不显著，说明存款与小企业融资不存在很强的关系，存款的增多并不意味着小微企业融资的增多，尽管不显著，但多个回归结果都显示存款对小企业融资具有负向影响，这说明信贷政策在存贷比、存款方面的控制在一定程度上会压缩小企业融资空间，但是市场过程中的传导机制却有待于进一步的研究才能明晰。

2. 关于贷款余额

贷款余额变量在混合效应、随机效应中对小企业负债、流动负债产生了显著的正相关影响，这说明贷款供给增多，对小企业融资是有正向影响的。总贷款量的增加对小企业融资是具有正向影响的。固定效应的结果并不显著，说明地区间贷款分配对小微企业融资的影响差异不明显。

3. 关于中长期贷款

中长期贷款在多个模型中都不显著，说明中长期贷款对小企业融资的影响不明显，但是在多个模型中，中长期贷款变量与小企业融资存在负相关，这说明中长期贷款对小企业融资会有相对微弱的负向影响。

表6-1　　　　　混合效应、固定效应和随机效应估计系数

	混合效应		固定效应		随机效应	
	模型1	模型2	模型1	模型2	模型1	模型2
存款余额	-0.0375	-0.0786***	0.0273	-0.018	0.0368	-0.01753
贷款余额	0.1194*	0.2007***	0.1059	0.06478	0.173**	0.1256**
中长期贷款	-0.0337	-0.0297	-0.0507	0.02346	-0.1663*	-0.0612
短期贷款	0.3404***	0.3088***	0.0602	0.1547**	0.0430	0.1849***
现金投放	1.189***	-0.0848	-0.4073	-0.09684	0.3070	-0.2233
常数	171.8227	-257.873**	881.5359***	633.987***	607.2273**	363.050*
模型统计量值	1429.06	1010.43	47.43	37.46	169.57	154.33
模型显著性水平	0.000	0.000	0.000	0.000	0.000	0.000

注：*、**、***分别在10%、5%、1%水平上显著。

4. 关于短期贷款

短期贷款在多个模型中都非常显著，说明短期贷款变量对小企业融资具有显著影响，并且在固定效应模型 2 中短期贷款变量在 5% 水平上显著，说明短期贷款在空间分配上存在显著差异，并导致了小企业融资量特别是短期融资的显著差异，短期贷款既是小微企业的主要融资需求，也是小微企业融资的重要来源。

5. 关于现金投放

现金投放导致变量在多个模型中都不显著，说明现金投放对小企业融资并不能产生显著影响，这可能与现金投放量在整个货币市场中所占比例较小有关，现金投放只在模型 1 的混合效应中显著，说明现金投放对小企业长期负债具有一定的影响，而对短期借款、流动负债没有产生影响。这其中暗含了现金的直接投放、流动性的突然注入并不会对小微企业融资产生明显的影响，流动性增加也无法冲击、改变小微企业融资市场的基本结构，可见这种结构在短期内是难以改变的，但是在长期可能会起到一定作用。

6. 信贷资源对小企业融资具有时间效应

使用 Stata 12.0 对模型 1 和模型 2 进行双向固定效应（Two - way FE）检验，以 2007 年为基期，对所有年度进行联合检验，结果显示模型 1 和模型 2 都具有显著的时间效应，说明信贷资源对小企业融资的影响具有显著的时间趋势，随时间逐步变强。

7. 弹性估计结果

对模型 3 和模型 4 进行混合效应估计，表6-2 给出了估计结果，估计结果显示存款变量对小企业融资具有显著的负弹性系数，且存款变量对小企业负债的影响要大于流动负债，当存款增加 1% 时，小企业负债表示的融资量将减少 25.91%，而流动负债则减少 14.29%。贷款对小企业融资具有显著的正弹性系数，贷款变量对小企业流动负债影响要大于负债，当贷款增加 1% 时，小企业融资量增加 45.66%，流动负债表示的融资则增加 69.11%，这说明流动负债对贷款余额更加敏感。中长期贷款总体上不显著。短期贷款在模型 3 和模型 4 中都非常显著，并且系数都大于其他变量的系数，这说明小企业融资对短期贷款最为敏感，分别为 0.7319 和 0.6949，短期贷款对小微企业融资状况改善具有最大作用。

表 6 – 2 　　　　　小企业融资量对信贷资源弹性系数估计结果

	模型 3		模型 4	
	系数	P 值	系数	P 值
存款余额	− 0.2591 * * *	0.003	− 0.1429 *	0.072
贷款余额	0.4566 * *	0.015	0.6911 * * *	0.000
中长期贷款	0.0878	0.563	− 0.1699	0.215
短期贷款	0.7319 * * *	0.000	0.6949 * * *	0.000
常数	− 0.9703 * * *	0.001	− 2.0044 * * *	0.000
模型统计量值	2391.86		3251.69	
模型显著性水平	0.000		0.000	

注：* 、* * 、* * * 分别在10%、5%、1%水平上显著。

将模型结果综合起来看，存款变量对小微企业融资具有负向影响，存款的增加反倒不能改善小微企业融资状况，贷款变量对小微企业融资具有正向影响，呈正相关关系，但在贷款期限中，只有短期贷款对小微企业融资具有正向影响，短期贷款的增加将有利于小微企业融资状况的改善。

三　货币市场结构失衡下的小微企业融资权利

从以上模型结果可以发现，存款和中长期贷款的增多会对小企业融资产生挤出效应，挤占更多的小企业信贷资源，首先存款额的增长使流通中现金减少，减少了小企业从非正规融资途径的可能性，存款额的增加使正规金融机构进一步掌握了更多的货币资源，其市场势力、垄断势力得到进一步的加强，使整个小微企业融资市场上的竞争力削弱。另外，中长期贷款的增加使得资金更容易流向收益稳定、风险小的大中型企业，而不是小微企业，从根本上来说，小微企业融资更需要的是短期贷款（一年以内，包括一年），中长期贷款的增加将会进一步挤占信贷资源。

固定效应模型显示短期贷款与小企业流动负债存在很强的相关性，这说明信贷资源中只有短期贷款在空间上的分配对小企业短期融资才具有显著影响，不同省份在短期贷款上的差异也会造成小企业融资状况的显著差异，短期贷款在小微企业融资中具有重要作用，信贷政策、监管政策应当对短期贷款给予适当的倾斜。

小微企业融资市场的货币资源结构性问题是比较严重的。短期贷款余额占银行各项贷款余额之比从 2007 年的 43.33% 下降到 2011 年的 36.86%，有学者证明了金融结构、银行结构与经济结构相匹配的重要作用（林毅夫、姜烨，2006），信贷资源在期限上的分配结构与小微企业融资需求是不相符合的，小微企业需要更多的短期融资，短期贷款占比的下降使结构失衡更加严重，短期贷款对小微企业流动负债具有显著影响，说明短期贷款对小微企业流动性改善具有非常重要的作用，短期贷款的分配占比却较小且趋于下降，使小微企业流动性状况变差，正规金融市场上的垄断势力加重了这一问题，短期贷款在空间上分配差异也非常显著，模型显示出很强的时间效应，时间趋势明显，这种结构性问题可能随着时间推移加重。

一个经济体内部的货币资源、供给量可以是非常充足的，但是这并不意味着货币资源就一定能够顺利到达货币需求者，货币市场货币资源分配以及信贷资源分配形成的市场结构阻碍了小微企业融资可获得性的提高。准货币以及活期存款在整个货币资源中占据主体地位，而流通中货币则占很小的比例，准货币增长迅速带动 M2 快速增长，与流通中现金渐行渐远，表现出一种失衡的结构，并且，这种趋势正在增强，巨量的货币资源掌握在商业银行等正规金融机构手中，正规金融市场的市场势力对流向小微企业信贷市场货币资金量的影响无疑是巨大的，再考虑到以上论述的小企业贷款的期限结构问题，结构性的问题无疑被加强了。这种结构的反面则是非正规金融市场的脆弱性和敏感性，当经济受到外部严重冲击的时候，经济体出现经济增长放缓的风险，大量小微企业所长期依赖的信用遭受破坏，而货币市场的结构未发生根本改变时，小微企业融资权利失败就会出现，这是 2008 年遭受经济危机冲击后众多小微企业、民营企业的真实处境，"钱荒"是小微企业、民营企业融资权利失败的最直接体现，而企业主"跑路"则是随着经济环境、外贸环境恶化企业长期依赖的信用开始大量破产，融资权利失败引发的一个社会恶性后果便是"高利贷""非法集资"，这些信用透支的手段往往伴随着暴力事件的发生。

四　本章小结

从 2007—2011 年中国货币供给量增长迅速，货币供给是充足的，但充裕的货币资源并没有改变小微企业的融资状况，根本原因在于货币资源在不同市场上的分配所形成的结构性特征不同程度上影响了小微企业融资，并且不同市场上的市场势力不同，小微企业同时依靠非正规金融市场与正规金融市场，正规金融市场上掌握了最大部分的货币资源，这部分货币资源又作为信贷资源根据不同期限进一步分配，只有短期贷款对小微企业融资具有正向影响，但短期贷款占比又低，同时由于竞争程度低，正规金融机构的市场势力较强，非正规金融市场市场势力小，但由于信贷资源非常分散，能为小微企业提供的货币资源就会变得相对有限，这共同导致了小微企业融资可获得性较低。

从森的权利方法来看，货币资源市场上的市场势力、分配结构削弱了小微企业的融资权利，这一点与森在饥荒研究中反对 FAD 的结论是相似的，粮食供给量是充足的，但是由于权利失败，饥饿就会出现，大规模的与饥饿相伴随的社会问题共同构成了饥荒，对小微企业来说，相对于小微企业的融资需求，货币市场上的货币是极其丰富的，但是货币市场不合理的结构导致了小微企业融资权利的失败，降低了小微企业融资可获得性，不合理的信贷资源分配结构更加不利于这一问题的解决，而短期借款在空间分配上的显著差异也说明了信贷资源地区间分配的某种不公平性，短期贷款比例、信贷结构合理化是改善小微企业融资状况的根本途径。

因此，基于以上结论，为提高小微企业融资可获得性，使货币资源分配更趋合理化的信贷政策、监管政策是需要决策者进一步探索和实施，合理提高短期贷款在整个信贷资源中的比例，以扭转信贷结构，使之与小微企业融资需求相符合，改变结构使流向小微企业的货币资源自动增加是改善小微企业融资状况的根本策略。

第七章 结论与政策含义

一 结论

在本书中，通过阿玛蒂亚·森的权利方法对小微企业的融资可获得性进行了充分的研究，权利方法提供了研究小微企业融资问题更加全面的思路，通过这个思路我们找到了影响小微企业融资的三个主要因素：资源禀赋、权利映射系统和货币资源，小微企业融资过程的逻辑是使用资源禀赋通过权利映射找到相应的货币资源，本研究关注了小微企业融资过程的每一个环节，组合在一起就是小微企业融资权利的全貌，将这三个部分的研究结论总结如下。

1. 小微企业资源禀赋在小微企业融资过程中发挥作用仍然相对有限，这导致了小微企业融资权利处在较低的水平，但与传统的放贷模式相比已经有了一定的改进

在小微企业的资源禀赋中，固定资产仍然发挥了重要的作用，土地、资本等资产要素在小微企业融资中的作用要超过其他资源禀赋，但是随着重视现金流信贷技术的创新与发展，现金流的作用也得到了很好的体现；固定资产等有形资产因素在传统的放贷模式中发挥了全部作用，即"抵质押物"放贷，没有抵质押物，小微企业几乎无法从银行等正规融资途径获得贷款，但这种情况已经有所改变。在小微企业生产经营能力对其融资影响的检验中可以发现，小微企业的生产经营能力在其融资中已经开始发挥作用，并且已经能够为小微企业带来一定的融资，这说明金融系统放贷已经开始重视小微企业的经营能力，小微企业生产经营能力的融资作用又存在一定差别，即在小微企业的融资过程中，小微企业的规模效率比技术效率发挥更大的作用，小微企业在经营过程中，生产规模的扩张比管理、技术的深化更能说服放贷者向小微企业发放贷款，放贷者可能仍然看重小微企业的规模，这一点与小微企业固定资产在融资中的作用几乎是相同的，但是可以确定的是传统的"抵质押物"放贷已经发生改变，并且正在改变，尽管改变程度难以确定，但是小微企业已经可以通过向银行等正规金融机构自身良好的经营能力来获得放贷者的信任，进而获得融资。同样地，在科技要素对小微企业融资的作用研究中也可以发现科技要素已经能够使小微企业从各种融资途径获取融资了，当然资产因素在小微企业的正规融资途径中仍然是最重要的因素，而在其他融资途径中，这种情况已经发生了或大或小的变化，而且在这个研究中，还可以发现时间变量所代表的小微企业的信任因素发挥了不小的融资作用，这说明小微企业在发展过程中会生产出"信用"，而"信用"的价值和作用也会慢慢凸显出来，成为小微企业的一种重要资源禀赋。

小微企业资源禀赋在融资中作用的变化说明了小微企业融资权利的改善，尽管传统的抵质押物融资模式的存在在一定程度上导致了小微企业融资权利的失败，但随着这种情况的改变小微企业可以逐渐依靠其自身特有的资源禀赋而不一定是资产因素来获取融资，融资权利的扩大以及改善提高了小微企业的融资可获得性。

2. 小微企业融资权利映射系统改进变迁改善了小微企业的融资权利，提高了小微企业融资可获得性

除了大的外部经济变动对企业所拥有的资源禀赋集合产生巨大冲击，否则小微企业的资源禀赋集合在短时间内难以发生根本变化，而在权利方法看来，权利映射系统处于小微企业融资权利的核心位置，小微企业融资权利的改善更依赖于权利映射系统的改进，小微企业融资权利的失败在很大程度上是由于小微企业融资权利映射系统的缺陷或落后造成的。在这一部分的研究中，本书上溯了小微企业融资权利失败的源头——苏联模式的经济制度安排，这一体制安排下的小微企业融资需求几乎被完全忽略，信贷资源优先配置给大型、重工业、国有企业，即便在经济转型为市场经济后，受政策的惯性影响，长期以来形成的歧视也较难改变，因此小微企业融资权利映射系统的改进是从改变歧视开始。金融机构多元化是小微企业融资权利映射系统的重大改变，它增强了系统内的竞争性，削弱了金融机构的市场垄断势力，尤其是新型农村金融机构、小微金融机构更重视小微客户的融资需求；当然，单纯地推动金融机构多元化并不足以充分改变小微企业融资困境，金融机构向小微企业融资供给模式的创新与改进也是关键，这是必要条件；小微企业信贷市场机制则是小微企业融资权利改善的先决条件，以往的政策非常容易陷入单纯的补贴或行政干预，以图促使金融机构向小微企业增加融资，但是利率管制却成为金融机构增加小微企业融资供给的最大障碍，2013 年 7 月贷款利率管制彻底放开为小微企业信贷市场市场机制的形成创造了条件，金融机构与小微企业完全可以作为市场主体来谈判、自主定价，利润空间的上涨是金融机构向小微企业增加融资供给的最优激励，从分析结果看，贷款利率自由化在长期将有利于提高小微企业融资可获得性。

一个有效运行的小微企业信贷市场远比政府强制干预下的信贷配给更有效，更能改善小微企业融资状况，但市场并不是自然形成的，更不是自然存在的，政府或决策者需要创造一系列的条件，需要配置一整套的制度安排，"罗马不是一天建成的"，从研究结果来看，小微企业信贷市场也不是一天建成的，歧视的消除、金融机构多元化、金融机构信贷供给模式创新、贷款利率自由化从不同方面为小微企业信贷市场的形成、改善创造了条件，一个更加有效的小微企业信贷市场是小微企业融资权利映射系统改进的一个结果，尽管这个结果只是阶段性的，因为在这个信贷市场完全有效、自我运转之前，它仍然有众多的理由要求政府去监督、完善这个市场。

小微企业融资权利映射系统的改进是渐进完成的、多方面协同共进的，这样的系统不但趋于均衡，而且更加趋于稳固。小额信贷中信息生产技术的创新与传播为小微企业融资权利映射系统的改进提供了微观基础，小微企业融资毕竟要通过微观个体的放贷人来完成融资，这些新型金融机构在小微企业融资供给模式上存在一定的差异，但是都表现出了良好的绩效和对小微企业融资的有效性，说明小微企业融资供给模式的信息生产分工是不一而足的，没有最佳，但一定要符合复杂的现实需要，这一点也同样适合在金融市场中占主体地位的商业银行，其小微企业融资供给路径会有所差别，但原则却是基本一致的。

一系列小微企业融资权利映射系统内部因素的改进使小微企业融资权利映射系统曲线整体向右上方偏移，并使整个系统变得更加富有弹性，它不但意味着小微企业信贷市场更加稳健、安全，小微企业融资权利能够承受更大的冲击，而且也意味着在同样资源禀赋条件下，小微企业可以获得更多的融资，即使小微企业缺乏所谓的"抵质押物"仍然可以凭借其他资源禀赋获取融资，小微企业融资权利失败的情形得到扭转与改变，小微企业融资权利得到改善，这使小微企业融资可获得性得到提高。

3. 货币资源分配结构影响了小微企业融资权利，而非货币资源的绝对数量影响了小微企业权利，这在很大程度上影响了小微企业融资可获得性

小微企业在正规融资途径和非正规融资途径面对着两种完全不同的市场势力，这构成了货币资源分配的微观基础结构，并且在这两种融资途径上的货币资源分配量也可能存在很大的差异，这导致小微企业融资微观基础存在很大的失衡的可能性。而且利用面板数据证明了在正规融资途径上信贷资源的分配与小微企业融资需求特点不相符合，贷款的期限分配结构更加有利于大中型企业获得贷款，而不是小微企业，并且这种失衡存在时间效应，对小微企业融资权利的改善是不利的。

这两种失衡是小微企业融资权利货币资源部分的基本状况，这种货币资源分配的失衡状态下降低了小微企业融资权利是脆弱的，降低了小微企业融资可获得性的提高。当经济发生较大波动时，外部经济的冲击就会使小微企业融资权利的脆弱性得到充分暴露。在经济危机发生后，小企业负债结构发生变化，小企业流动性负债在总体债务中比例的下降说明了小微企业融资权利的脆弱性，而信贷市场上信贷资源的分配又不能很好地修正这一状况，小微企业长期经营形成的、长期依赖的信用逐渐变得脆弱，除去那些通过意图牟取暴利的"非法集资""高利贷"部分，另一部分用以维持实体经济的"高利贷"的盛行则更加说明了这种失衡结构所导致的小微企业融资权利的脆弱性。

一个总的印象是，小微企业融资权利正在得到改善，改善的核心在于小微企业融资权利映射系统的改进，权利映射系统的改进为小微企业资源禀赋在信贷市场上发挥作用提供了前提条件，一个有效的、稳定的小微企业信贷市场正在初步形成，它有赖于各方面配套改革的跟进。而在货币资源市场上的失衡状态对小微企业融资权利的改善又是不利的，它降低了小微企业的融资可获得性，因此是货币资源的分配结构失衡造成了小微企业融资的脆弱和弱势，而非货币资源量造成了这一状况。

摆脱贫困与苦难是人类共同的追求和愿望，也是经济发展的主要目标，在经济发展这条路上，人类在不断的试错和学习过程中，逐渐变得理性，原来执行苏联模式计划经济的国家如今已经全面转变为市场经济，市场经济相对于计划经济会更有利于多数人的福利，而小微企业融资权利与可获得性的研究却展示了不仅市场，而且政府在经济发展中也具有重要作用，在改善小微企业融资的过程中，政府既没有扮演一个"守夜人"的角色，也没有扮演一个积极干预市场的角色，与两者都不相同的是，政府扮演了一个积极构建有效市场的角色，中国政府的成功实践表明了这个角色是改善社会福利、促进帕累托改进更为有力的角色，阿玛蒂亚·森的权利方法预示了要创造更加公正、公平的社会环境，使相对弱势的群体获得更多的信用和机会要远比直接给予补贴更有效，这也印证了"授人以鱼，不如授人以渔"的思想。

二 政策含义

以上研究结论具有如下政策含义：

（1）小微企业资源禀赋的价值只有在有效的市场建立之后才能充分体现，才会更具有价值以及富于流动性。政府可以逐步尝试建立小微企业的票据市场、股票市场、债券市场，使小微企业能够参与资本市场，从而拓宽小微企业的融资途径，这将使小微企业生产经营能力得到资本化的可能；建立并完善小微企业的技术、专利交易平台或交易市场，从而提高小微企业技术资源禀赋的变现能力，真正转变为一种信用资源。合理的、严格的小微企业征信体系是提升小微企业信用水平的必要条件，也是降低小微企业信贷市场"道德风险"和"逆向选择"的有效手段，这能够充分降低银行系统对小微企业放贷的风险预期。

（2）继续推进金融机构多元化，尤其是增强县域、农村地区金融市场竞争程度。金融机构多元化并不是目的，而是通过金融机构多元化来增强金融市场中的竞争度，对金融机构形成向下的压力，从而迫使金融机构服务客户群体下移。并且在这个过程中，要重视小微企业信贷市场的培育和完善，通过诸多政策、制度的细化改进来建立一个成熟的、能够自我有效运行的小微企业信贷市场，政府更多的精力要放在市场的维护和规则的实施上，尽量减少直接的干预。

（3）加快小额信贷技术的创新与传播。小额信贷无论是在世界还是在中国，从理论到实践，都有了长足的发展，一些成型的小额信贷模式可以逐步推广，但要在符合实际情况的条件下加以借鉴，否则会适得其反。对于大、中小商业银行来说，要根据自己的优势，探索并创新小微企业融资供给模式，不断寻求路径突破。

（4）信贷政策要适当调整，适当增加短期贷款，以及放宽存贷比等监管政策，一些差异化的监管政策对提高小微企业融资将会更加有效。由于小微企业融资以短期贷款为主，因此，信贷市场上短期贷款的增加将有利于提高小微企业融资可获得性，而随着小微企业融资权利映射系统的变迁，正规融资途径上的市场势力也将得到削弱，并且，更为重要的是，尝试改变非正规金融市场上的分散化状态，将非正规金融市场改进为一个完整的整体市场，增强非正规金融市场的信息流动性将起到修正小微企业信贷市场上货币资源分配失衡结构的作用。

参考文献

［1］ 亚当·斯密：《国民财富的性质和原因的研究》，商务印书馆 1983 年版。

［2］ 戴维·S. 兰德斯：《国富国穷》，新华出版社 2002 年版。

［3］ 罗伯特·L. 海尔布罗纳，威廉·米尔博格：《经济社会的起源》，格致出版社、上海三联书店、上海人民出版社 2012 年版。

［4］ 伊曼纽尔·沃勒斯坦：《现代世界体系》，高等教育出版社 1998 年版。

［5］ W. 布鲁斯，K. 拉斯基：《从马克思到市场——社会主义对经济体制的求索》，格致出版社、上海三联书店、上海人民出版社 1998 年版。

［6］ 速水佑次郎：《发展经济学——从贫困到富裕》，社会科学文献出版社 1998 年版。

［7］ 迈克尔·P. 托达罗：《经济发展》，中国经济出版社 1999 年版。

［8］ 阿玛蒂亚·森：《贫困与饥荒》，商务印书馆 2001 年版。

［9］ Brown and Eckholm. By Bread Alone. Oxford：Pergamon Press，1974.

［10］ Sen A. Starvation and exchange entitlements：a general approach and its application to the great Bengal famine. Cambridge Journal of Economics，1977，No. 1，33 - 59.

［11］ Gasper D. Entitlement analysis：relating concepts and contexts. Development and Change，1993，Vol. 24，679 - 718.

［12］李实：《阿玛蒂亚·森与他的主要经济学贡献》，《改革》1999 年第 1 期。

［13］Sen A. Ingredients of famine analysis：availability and entitlements. The quarterly Journal of Economics, 1981, Vol. 96, No. 3, 433 – 464.

［14］Koopmans T. C. Three Essays on the State of the Economic Science. New York：McGraw – Hill, 1957.

［15］Waal A. D. A re – assessment of entitlement theory in the light of the recent famines in Africa. Development and Change, Volume 21, Issue 3, 1990, 469 – 490.

［16］Stephen Devereux. Sen's Entitlement Approach ：Critiques and Counter – critiques. Oxford Development Studies, 2001, Vol. 29, No. 3, 245 – 263.

［17］Bowbrick P. The causes of famine—a refutation of professor Sen's theory. Food Policy, 1986, vol. 11, issue 2, 105 – 112.

［18］Baulch B. Entitlements and the Wollo famine of 1982 – 1985, Disasters, 1987, Volume 11, Issue 3, 195 – 204.

［19］S. R. Osmani. Comments on Alex de Waal's Re – assessment of Entitlement Theory in the Light of Recent Famines in Africa. Development and change（SAGE. London, Newbury Park and New Delhi）, 1991, Vol. 22, 587 – 596.

［20］Alex de Waal. A Re – assessment of Entitlement Theory in the Light of the Recent Famines in Africa. Development and Change（SAGE, London, Newbury Park and New Delhi）, 1990, Vol. 21, 469 – 490.

［21］Gasper D. Entitlement analysis：relating concepts and contexts. Development and Change, 1993, Vol. 24, 679 – 718.

［22］Tisdell C. , K. Roy and A. Ghose. Sen's theory of entitlement and deprivation of females：an assessment with Indian illustrations, Social economics, policy and development Working Paper No. 2.

[23] 周月书、杨军:《农村中小企业融资障碍因素分析——来自江苏吴江和常熟的问卷调查》,《中国农村经济》2009 年第 7 期。

[24] 林毅夫、李永军:《中小金融机构发展与中小企业融资》,《经济研究》2001 年第 1 期。

[25] 张杰:《民营经济的金融困境与融资次序》,《经济研究》2000 年第 4 期。

[26] 王滨、高明华:《中小企业如何利用民间资本》,《岱宗学刊》2005 年第 9 期。

[27] Cassar G. and S. Holmes. Capital structure and financing of SMEs: Australian evidence. *Accounting and finance*, 2003, (43), 123 – 147.

[28] Zélia Serrasqueiro and Paulo Macas Nunes. Are young SMEs'survival determinants different? Empirical evidence using panel data. Applied Economics Letters, Taylor & Francis Journals, 2012, Vol. 19 (9), 849 –855.

[29] 林洲钰、林汉川: 《中小企业融资集群的自组织演进研究——以中小企业集合债组织为例》,《中国工业经济》2009 年第 9 期。

[30] Voordeckers W. and T. Steijvers. Business collateral and personal commitments in SME lending, Journal of Banking & Finance. 2006, Volume 30, Issue 11, 3067 – 3086.

[31] 田志鹏、张欢:《美国富国银行小微企业贷款经验及对我国的启示》,《甘肃金融》2012 年第 3 期。

[32] Canales R. and R. Nanda. A darker side to decentralized banks: market power and credit rationing in SME lending. Journal of Financial Economics, 2012, Vol. 105, No. 2, 353 –366.

[33] 何广文:《中国农村金融转型与金融机构多元化》,《中国农村观察》2004 年第 2 期。

[34] Liu J. and D. Pang. Financial factors and company investment decisions in transitional China. Managerial and Decision Economics,

2009, Volume 30, Issue 2, 91 – 108.

[35] Thorsten Becka, Asli Demirgüç – Kunt and Vojislav Maksimovicc. Financing patterns around the world: are small firms different? . Journal of Financial Economics, 2008, Volume 89, Issue 3, 467 – 487.

[36] Cho Y. J. Inefficiencies from financial liberalization in the absence of well – functioning equity markets, Journal of money, Credit, and Banking. 1986, Vol. 18, No. 2, 191 – 199.

[37] Woldie A., J. I. Mwita, J. Saidimu. Challenges of microfinance accessibility by SMEs in Tanzania. Thunderbird International Business Review, 2012, Volume 54, Issue 4, 567 – 579.

[38] Cressy R. Why do most firms die young? Small Business Economics, 2006, 26, 103 – 116.

[39] Kalckreuth U. V. Financial constraints and capacity adjustment: evidence from a large panel of survey data. Economica 2006, 73, 691 – 724.

[40] Aghion P., T. Fally and S. Scarpetta. Credit constraints as a barrier to the entry and post – entry growth of firms. Economic Policy, 2007, Volume 22, Issue 52, 731 – 779.

[41] 莱昂·瓦尔拉斯:《纯粹经济学要义》,商务印书馆 2011 年版。

[42] 杨辉耀:《Walras – Arrow – Debru 一般均衡模型》,《广州师院学报》(自然科学版),1994 年第 1 期。

[43] Schmoller, G. Von. Grundriss der Allgemeinen Volkswirtschaftslehre. Munich and Leipzig: Duncker and Humblot, 1900.

[44] North, D. C.. Economic Performance through Time. American Economic Review, 1994, 84, 359 – 368.

[45] OECD. The SME Finance Gap: theory and evidence, 2006.

[46] 刘民权:《中国农村金融市场研究》,中国人民大学出版社 2006 年版。

[47] Joseph E. Stiglitz and Andrew Weiss. Credit Rationing in Market

with Imperfect Information. The American Economic Review, 1981, Vol. 71, No. 3, 393 – 410.

[48] 林毅夫、孙希芳：《信息、非正规金融与中小企业融资》，《经济研究》2005 年第 7 期。

[49] 李志赟：《银行结构与中小企业融资》，《经济研究》2002 年第 6 期。

[50] Laura L. Veldkamp. Slow boom, sudden crash. Journal of Economic Theory, 2005, 124, 230 – 257.

[51] Paul Brockman, Ivonne Liebenberg, Maria Schutte. Comovement, information production, and the business cycle. Journal of Financial Economics , 2010, 97, 107 – 129.

[52] Zhaohui Chen and William J. Wilhelm, Jr. Sell – Side Information Production in Financial Markets. Journal O F Financial and Quantitative Analysis. 2012, Vol. 47, No. 4, Aug. 2012, 763 – 794.

[53] Yu Zhang and Mihaela van der Schaar. Information Production and Link Formation in Social Computing Systems. IEEE Journal On Selected Areas In Communications, 2012, Vol. 30, No. 11.

[54] Glenn M. MacDonald. Information in Production. Econometrica, 1982, Vol. 50, No. 5, 1143 – 1162.

[55] Kenneth J. Arrow. The Economic Implications of Learning by Doing. The Review of Economic Studies, 1962, Vol. 29, No. 3, 155 – 173.

[56] R. 科斯、A. 阿尔钦、D. 诺斯等：《财产权利与制度变迁——产权学派与新制度学派译文集》，上海人民出版社、上海三联书店 1994 年版。

[57] 巴曙松等：《小微企业融资发展报告 2013：中国现状及亚洲实践》2013 年。

[58] 闫红波、王国林：《我国货币政策产业效应的非对称性研究——来自制造业的实证》，《数量经济技术经济研究》2008 年第 5 期。

［59］樊纲：《发展民间金融与金融体制改革》，《上海金融》2000
年第 9 期。

［60］林毅夫、李永军：《中小金融机构发展与中小企业融资》，
《经济研究》2001 年第 1 期。

［61］刘湘云、杜金岷、郑凌云：《中小企业融资力差异与融资制
度创新次序》，《财经研究》2003 年第 8 期。

［62］徐洪水：《金融缺口和交易成本最小化：中小企业融资难题
的成因研究与政策路径——理论分析与宁波个案实证研究》，《金
融研究》2001 年第 11 期。

［63］闫俊宏、徐祥秦：《基于供应链金融的中小企业融资模式分
析》，《上海金融》2007 年第 2 期。

［64］刘小玄、郑京海：《国有企业效率的决定因素：1985—
1994》，《经济研究》1998 年第 1 期。

［65］刘小玄：《中国工业企业的所有制结构对效率差异的影
响——1995 年全国工业企业普查数据的实证分析》，《经济研究》
2000 年第 2 期。

［66］白雪洁、戴小辉：《基于 DEA 模型的中国主要轿车企业生产
效率分析》，《财经研究》2006 年第 10 期。

［67］宫俊涛、孙林岩、李刚：《中国制造业省际全要素生产率变
动分析——基于非参数 Malmquist 指数方法》，《数量经济技术经
济研究》2008 年第 4 期。

［68］李春顶：《中国制造业行业生产率的变动及影响因素——基
于 DEA 技术的 1998—2007 年行业面板数据分析》，《数量经济技
术经济研究》2009 年第 12 期。

［69］陈静、雷厉：《中国制造业的生产率增长、技术进步与技术
效率—— 基于 DEA 的实证分析》，《当代经济科学》2007 年第
4 期。

［70］常亚青：《中国工业实证研究——基于 DEA 模型的分析》，
《上海市经济学会学术年刊》2008 年。

［71］A. D. 钱德勒：《大企业和国民财富》，北京大学出版社 2004

年版。

［72］傅新红、李君、许蕾：《农业科技特派员继续从事特派员工作意愿的影响因素分析——基于四川省 254 名农业科技特派员的调查》，《中国农村经济》2010 年第 6 期。

［73］林毅夫、蔡昉、李周：《中国的奇迹：发展战略与经济改革》，格致出版社、上海三联书店、上海人民出版社 2009 年版。

［74］安德烈·冈德·弗兰克：《依附性积累与不发达》，凤凰出版传媒集团、译林出版社 1999 年版。

［75］冯海发、李准：《我国农业为工业化提供资金积累的数量研究》，《经济研究》1993 年第 9 期。

［76］严瑞珍、龚道广、周志祥等：《中国工农业产品价格剪刀差的现状、发展趋势及对策》，《经济研究》1990 年第 3 期。

［77］武力：《1949—2006 年城乡关系演变的历史分析》，《中国经济史研究》2007 年第 3 期。

［78］爱德华·肖：《经济发展中的金融深化》，中国社会科学出版社 1989 年版。

［79］R. I. 麦金农：《经济发展中的货币与资本》，上海三联书店 1988 年版。

［80］张杰：《中国金融制度的结构与变迁》，山西经济出版社 1998 年版。

［81］何广文、冯兴元、郭沛等：《中国农村金融发展与制度变迁》，中国财政经济出版社 2005 年版。

［82］张红宇：《中国农村金融组织体系：绩效、缺陷与制度创新》，《中国农村观察》2004 年第 2 期。

［83］XIE Ping. Reforms of China's rural credit cooperatives and policy options. China Economic Review, 2003, 14, 434 – 442.

［84］王家传、刘廷伟：《农村信用社改革与发展问题研究——山东省农村信用社问卷调查综合分析报告》，《金融研究》2001 年第 8 期。

［85］Timothy Besley. How Do Market Failures Justify Interventions in

Rural Credit Markets? The World Bank Research Observer, 1994, Vol. 9, No. 1, 27 – 47.

［86］周业安：《金融抑制对中国企业融资能力影响的实证研究》，《经济研究》1999 年第 2 期。

［87］何广文：《从农村居民资金借贷行为看农村金融抑制与金融深化》，《中国农村经济》1999 年第 10 期。

［88］道格拉斯·诺斯：《理解经济变迁过程》，中国人民大学出版社 2002 年版。

［89］道格拉斯·诺斯：《制度、制度变迁与经济绩效》，格致出版社、上海三联书店、上海人民出版社 2008 年版。

［90］何广文：《中国农村金融供求特征及均衡供求的路径选择》，《中国农村经济》2001 年第 10 期。

［91］何广文：《中国农村金融转型与金融机构多元化》，《中国农村观察》2004 年第 2 期。

［92］苟春和、秦雨：《农村资金互助社会成为下一个合作基金会吗》，《才智》2013 年第 25 期。

［93］沈杰、马九杰：《我国新型农村金融机构发展状况调查》，《经济纵横》2010 年第 6 期。

［94］赫苏斯·韦尔塔·德索托：《奥地利学派》，《市场秩序与企业家创造性》，浙江大学出版社 2010 年版。

［95］史建平：《中国中小企业金融服务发展报告（2013）》，中国金融出版社 2013 年版。

［96］卡尔·波普尔：《开放社会及其敌人》，中国社会科学出版社 1999 年版。

［97］许东江：《中国居民、银行、企业对利率市场化的理性反应——利率市场化发挥积极效应的一种思路》，《世界经济》2002 年第 5 期。

［98］徐忠、程恩江：《利率政策、农村金融机构行为与农村信贷短缺》，《金融研究》2004 年第 12 期。

［99］王东静、张祥建：《利率市场化、企业融资与金融机构信贷

行为研究》,《世界经济》2007 年第 2 期。

[100] 马九杰、吴本健:《利率浮动政策、差别定价策略与金融机构对农户的信贷配给》,《金融研究》2012 年第 4 期。

[101] 许承明、张建军:《利率市场化影响农业信贷配置效率研究——基于信贷配给视角》,《金融研究》2012 年第 10 期。

[102] 陈鹏、刘锡良:《当前农村金融利率机制是有效的吗?》,《中国农村经济》2009 年第 11 期。

[103] 张孝岩、梁琪:《中国利率市场化的效果研究——基于我国农村经济数据的实证分析》,《数量经济技术经济研究》2010 年第 6 期。

[104] 王卓:《农村小额信贷利率及其需求弹性》,《中国农村经济》2007 年第 6 期。

[105] 许健:《利率自由化的约束及其实践》,《金融研究》2003 年第 8 期。

[106] Jonas Vlachos and Daniel Waldenstrom. International Financial Liberalization And Industry Growth. Int. J. Fin. Econ. , 2005, 10, 263 – 284.

[107] Abdul Abiad and Ashoka Mody. Financial Reform: What Shakes It? What Shapes It? . The American Economic Review, 2005, Vol. 95, No. 1, 66 – 88.

[108] Mark Armstrong and David E. M. Sappington. Regulation, Competition, and Liberalization. Journal of Economic Literature, 2006, Vol. XLIV (June), 325 – 366.

[109] Apanard P. Angkin and Wanvimol Sawangngoenyuang and Clas Wihlborg. Financial Liberalization and Banking Crises: A Cross – Country Analysis. International Review of Finance, 2010, 10 (2), 263 – 292.

[110] 格·卡普里奥、詹·汉森、帕·郝诺汉:《金融自由化的利弊》,《经济社会体制比较》2002 年第 3 期。

[111] 黄金老:《利率市场化与商业银行风险控制》,《经济研究》

2001 年第 1 期。

［112］陈一洪：《试论小微企业行业供应链金融模式——城市商业银行小微金融服务模式探析》，《重庆邮电大学学报》（社会科学版）2012 年第 5 期。

［113］冬晓：《重在做小微企业的银行——中国民生银行民营、小微金融战略有效延伸》，《中国金融家》2011 年第 6 期。

［114］胡海峰、赵亚明：《专业化中小银行与小微企业融资研究》，《福建论坛》（人文社会科学版）2012 年第 8 期。

［115］陈幸幸、黄长征：《商业银行对小微企业贷款的信号传递与信息甄别模型》，《经济研究导刊》2012 年第 19 期。

［116］Mckinnon, Ronald. Money and Capital in Economic Development. Washington D. C. The Bookings, 1973.

［117］Shaw, E. Financial Deepening in the Development. New York: Oxford University Press, 1973.

［118］R. H. Coase. The Nature of The Firm. Economica, New Series. 1937, Volume 4, Issue 16, 386 – 405.

［119］林毅夫、姜烨：《经济结构、银行业结构与经济发展——基于分省面板数据的实证分析》，《金融研究》2006 年第 1 期。

［120］闫红波、王国林：《我国货币政策产业效应的非对称性研究——来自制造业的实证》，《数量经济技术经济研究》2008 年第 5 期。

［121］樊纲：《企业间债务与宏观经济波动（上）》，《经济研究》1996 年第 3 期。

［122］樊纲：《企业间债务与宏观经济波动（下）》，《经济研究》1996 年第 4 期。

附　录

（农信社）企业调查问卷

调查员姓名：　　　　　调查日期：　　　月　　　日

编码：　　　　企业所在地址（城市）：　　　区（县）：

街：　　　门牌：　　　或市场：

企业名称：

1. 您拥有或者负责经营这个企业吗？

（1）是；（2）不。如（2），则停止调查。

2. 您是：（1）企业主；（2）经理；（3）会计

若企业主/经理/会计不在，则停止调查。

3. 您经营这个企业已经有多长时间了_____年

如少于一年，则停止调查。

4. 您的企业注册为：_____

（1）个体工商户；（2）有限责任公司；（3）合伙企业；

（4）私营企业；（5）未注册

5. 其他，请说明：_____

1. 您企业日常支付薪资（工资）的员工人数（不包括业主自己，配偶及未成年的子女，不包括繁忙季节临时雇的人）_____

2. 注册资金：人民币_____（仅限公司）

若注册为个体工商户，2011 年的包税额度_____元。

除现址外，您在本县（区）还有几个企业/工厂/商店

3. 企业实际负责人是：（1）业主；（2）经理

4. 您企业成立于（即注册之日）_____年

5. 企业用地情况：

占地总面积_____（平方米）

建筑面积_____（平方米）

场所的产权状况：

（1）租赁；（2）按揭；（3）自有；（4）家带店；（5）临时建筑；（6）不愿意回答

若为租赁，月租为_____（元）

6. 经营范围：（1）制造；（2）商业；（3）运输；（4）餐饮；（5）其他服务（包括修理、理发、美容、印刷等）；（6）农产品加工；（7）建筑；（8）其他，请注明_____

如回答（2）商业，具体经营范围是：（1）纺织品；（2）鞋类；（3）家用电器；（4）小五金；（5）文具，体育用品；（6）建材；（7）日用品；（8）书刊；（9）其他

如是制造业，生产产品为_____

7. 在本（县）区，本行业的年毛利润率大约为_____%

国内总体而言，本行业年毛利率大约为_____%

8. 销售收入情况

年销售额估计为_____

销售旺季，请画圈：

1 月	2 月	3 月	4 月	5 月	6 月
7 月	8 月	9 月	10 月	11 月	12 月

月销售额是_____

销售淡季，请画圈：

1 月	2 月	3 月	4 月	5 月	6 月
7 月	8 月	9 月	10 月	11 月	12 月

月销售额是_____

每月的主业以外的其他收入是_____

9. 您认为本地区（区县级）目前的商业环境是：（1）增长；（2）平稳；（3）下滑

10. 您对下一个三年的计划是：（1）扩大经营；（2）保持现状；（3）减少投资

11. 您的主要产品（或者服务）是：_____

主要产品的毛利率大约是：_____

12. 企业融资（注：农信社，广义上包括农村信用社、农村合作银行及农村商业银行）

（1）您或您的企业在银行开户吗？1 = 是　2 = 否

（2）在哪家银行？（可多选）（1）国有银行；（2）股份制银行；（3）农信社；（4）城市商业银行；（5）邮政储蓄银行；（6）当地村镇银行

（3）哪家银行是您的首选？_____（提供名字）

（4）您在选择银行时考虑的最主要标准是什么？请选 1 ~ 3 项，按顺序排列

（1）方便向客户汇款；（2）可提供公司需要的所有金融产品；（3）服务好；（4）分支多；（5）存款取款汇款方便；（6）银行提供其他方面的优惠，如存款贷款利率优惠等；（7）银行良好的企业形象；（8）其他，请注明

（5）对于您的公司，何种金融产品最为重要（列出最主要的三个）

（1）支付服务；（2）贷款；（3）存款；（4）租赁产品；（5）保险；（6）投资基金；（7）其他（请注明）

（6）自 2010 年 1 月以来，您是否申请过贷款：

（1）有　（2）无

若无，限选三个主要原因：

（1）不需要；（2）不知道如何申请；（3）银行门槛太高；（4）没有抵押品；（5）找不到担保人；（6）不认识银行或信用社的人；（7）能从别的地方借到钱；（8）太麻烦，申请过程太长；

（9）正规贷款不适合我的需要；（10）即使申请也肯定会被拒；（11）其他（请注明）

以上若回答是（9），什么原因不适合您的需要

（1）金额太低；（2）期限太短；（3）利率太高；（4）非利息成本太高；（5）信贷员的服务差；（6）最低贷款额度太高；（7）办理时间太长；（8）其他，请说明_____

如果申请过，

1. 工行；2. 农行；3. 中行
4. 建行；5. 农信社；6. 城商行；7. 村镇银行；
8. 邮储；9 其他，请注明

13. 金融机构

（1）申请金额_____（元）

（2）银行批准金额_____（元）

（3）得到贷款的时间_____年_____月

（4）借款期限　　　　　（月）

您对贷款期限是否满意？1＝是　2＝否

如果不满意，您认为多长的贷款期限较合适？

（5）申请至拿到贷款的周期（_____天）

您对贷款周期长度是否满意？1＝是　2＝否

如果不满意，您认为合理的贷款周期应该为：_____（天）

（6）贷款用途：①投资；②流动资金；③买房；④健康；⑤教育；⑥结婚；⑦其他

（7）贷款条件：①抵押；②担保；③既有抵押，又要担保；④信用贷款；⑤其他（请注明）

（8）要求的还款方式为：①一次性还款；②定期还款；③何时有钱何时还款

（9）您是否有过没有按时还款的情况？1＝是　2＝否

如果是，原因是：①收入低于预期造成资金困难；②成本高于预期造成资金困难；③规定还款日期没有钱/没有足够的钱还款；

④银行没有要求还款；⑤对还款金额有争议；⑥其他，请注明

（10）您是否有过贷款违约？（违约指拖欠还款超过3个月）

1=是　2=否

如果是，原因是：①收入低于预期造成资金困难；②成本高于预期造成资金困难；③规定还款日期没有钱/没有足够的钱还款；④银行没有要求还款；⑤对还款金额有争议；⑥其他，请注明

如果是，您是否最终向借款人还款？1=是　2=否

原因是：＿＿＿＿＿＿＿＿

14. 您认为正规金融机构以下哪三个方面最需要改善：

（1）贷款期限太短（应适当延长）；（2）金额太小（贷款额度应增加）；（3）申请和审批的程序太复杂（程序应简便）；（4）拿到贷款的周期太长（审批周期应缩短）；（5）应去掉或减轻抵押品的要求；（6）应去掉或减轻对担保人的要求；（7）服务质量有待提高；（8）其他（请注明）

若回答包括（5），现在银行需要什么抵押品？（1）土地使用证；（2）房产证；（3）不知道

抵押品办手续需要天数＿＿＿＿＿＿

抵押品办手续需要费用＿＿＿＿＿＿

15. 贷款申请时间是否比你预期的长？1=是　2=否

如果是，您认为造成这种拖延的最主要原因是什么？

（1）农村信用社办事效率不高；（2）农信社员工素质不足；（3）本公司没有满足规定的贷款条件；（4）办理并提供贷款所需材料的时间过长；（5）其他（请注明）

16. 您的申请是否被拒绝过：1=是　2=否

若是，被拒的原因：（1）无抵押品；（2）找不到担保人；（3）不认识银行的人；（4）在银行有未还款；（5）银行贷款控制收紧；（6）其他，请说明

17. 您从2010年1月起是否从以下非银行渠道借过款？

（1）生产资料供应商处赊销（贸易信用）；（2）互助储金会；（3）亲友处借到无息的资金；　（4）亲友处借到有息的资金；

（5）民间金融（高于银行，信用社利率）借钱； （6）当铺；
（7）小额贷款公司

如贷过（或赊过），时间为＿＿＿＿＿＿＿＿（如有多次贷款，填写最近一年贷款情况）

金额为＿＿＿＿

以上非银行渠道各占你所贷总金额的百分比

（1）生产资料供应商处赊销（贸易信用）＿＿＿＿＿＿＿％

（2）互助储金会 ＿＿＿＿＿＿＿％

（3）亲友处借到无息的资金；＿＿＿＿＿＿＿％

（4）亲友处借到有息的资金；＿＿＿＿＿＿＿％

（5）民间金融（高于银行，信用社利率）借钱＿＿＿＿＿％

（6）小额信贷机构＿＿＿＿＿＿＿％

（7）当铺＿＿＿＿＿＿＿％

18. 您现在是否计划在未来一年内申请一笔新的贷款（1）是；
（2）不是，

若回答不是，跳到 21 题

您想要的贷款金额：＿＿＿＿＿＿

贷款期限：＿＿＿＿＿＿

贷款用途：（1）投资；（2）流动资金；（3）买房；（4）健康；（5）教育；（6）结婚；（7）其他，请说明

可能获得贷款的正规金融机构是：（1）国有银行；（2）农信社；（3）城商行；（4）邮储；（5）村镇银行；（6）其他，请注明

如从正规金融机构借不到，您是否准备从民间金融或当铺借
（1）是；（2）不是

每月您最多能还款的金额＿＿＿＿＿＿

19. 你所知道的民间金融的月利息大约为＿＿＿＿＿＿

你所知道的民间金融的平均贷款期限大约为＿＿＿＿＿＿

民间金融贷款的条件：（1）抵押；（2）担保；（3）既有抵押，又要担保；（4）信用贷款

20. 您考虑贷款的最重要的因素，请按顺序选择三个

（1）很快并简便的得到贷款

（2）利率低

（3）便利（如上门取款等）

（4）金额符合要求

（5）贷款期限长一点

（6）优质服务

（7）对抵押品要求相对容易满足

（8）合理的还款方式

（9）其他（请注明）

21.（1）您觉得银行的利率是否合理？（请解释）

（1）是　　　　　　　（2）否（如果回答是否，请继续）

（2）如果贷款不需要担保或者抵押品，您是否愿意支付更高的利息？

（1）是　　　　　　　（2）否

（3）如果不需要担保或者抵押品，您会考虑更换为这家金融机构吗？

（1）会　　（2）或许会　　（3）中立　　（4）不太可能
（5）不会

（4）如果获得贷款的程序更加简捷，花费的时间更短，您是否愿意支付更高的利息？

（1）是　　　　　　　（2）否

（5）如果获得贷款的程序更加简捷，花费的时间更短，您是否愿意更换为这家金融机构？

（1）会　　（2）或许会　　（3）中立　　（4）不太可能
（5）不会

以下问题针对农信社的信用服务

22. 对于农信社的信贷员：

（1）信贷员对我的企业进行了彻底且客观可信的评估：

（1）完全同意　　（2）同意　　（3）中立　　（4）不同意
（5）完全不同意

（2）信贷员对我的贷款需求进行了彻底且客观可信的评估：

（1）完全同意　　（2）同意　　（3）中立　　（4）不同意
（5）完全不同意

（3）在评估贷款申请时，信贷员会考虑企业的特殊风险：

（1）完全同意　　（2）同意　　（3）中立　　（4）不同意
（5）完全不同意

（4）在决定贷款条件时，信贷员考虑到了本企业的特殊情况
（比如还款计划等）

（1）完全同意　　（2）同意　　（3）中立　　（4）不同意
（5）完全不同意

（5）信贷员容易预约：

（1）完全同意　　（2）同意　　（3）中立　　（4）不同意
（5）完全不同意

（6）信贷员工作效率高

（1）完全同意　　（2）同意　　（3）中立　　（4）不同意
（5）完全不同意

（7）信贷员对客户很友好

（1）完全同意　　（2）同意　　（3）中立　　（4）不同意
（5）完全不同意

（8）信贷员会同时考虑企业及农信社的双重利益

（1）完全同意　　（2）同意　　（3）中立　　（4）不同意
（5）完全不同意

（9）信贷员足够胜任其工作

（1）完全同意　　（2）同意　　（3）中立　　（4）不同意
（5）完全不同意

23．（1）农信社提供的贷款产品非常适合我公司的需求

（1）完全同意　　（2）同意　　（3）中立　　（4）不同意
（5）完全不同意

（2）如果问题（1）的回答是（3）（4）（5），请注明哪些您
需要的产品农信社目前无法提供

24. （1）还款条件足够适应企业的贷款目的及资金周转情况

（1）完全同意　（2）同意　（3）中立　（4）不同意
（5）完全不同意

（2）如果问题（1）的答案是（3）（4）（5）请注明哪些您需要的贷款条件农信社目前无法提供

25. （1）农信社的利息费用与本地区其他银行相比具有竞争力

（1）完全同意　（2）同意　（3）中立　（4）不同意
（5）完全不同意

（2）农信社的非利息费用与本地区其他银行相比具有竞争力

（1）完全同意　（2）同意　（3）中立　（4）不同意
（5）完全不同意

以下问题关于存款（针对您的企业）

26. 在您选择存款银行时，会优先考虑哪些因素：请按重要程度选择三项

（1）开户方便

（2）管理账户方便（比如有 ATM，更多的分支网点）

（3）允许异地存取款

（4）利率水平

（5）利息以外的其他奖励（如礼品）

（6）存款对贷款的申请有益

（7）高品质服务

（8）在政府发放补贴/资金支持的金融机构

（9）参与存款保险系统的机构

（10）其他（请注明）

27. 您的主要存款是否在农信社？ 1 = 是　2 = 否

（如果回答是，接着回答问题28）

28. 如您现在主要的存贷款在农信社，您准备继续用信用社，还是转到其他金融机构，如邮政储蓄或农行？（1）继续用信用社，
（2）转到其他金融机构

如果继续使用农信社，原因是：（请按顺序选择 3 项）

（1）获得贷款更方便　　（2）更好的服务　　（3）更多分支银行，离家近　　（4）对农信社的业务员更加熟悉　　（5）存取款更加方便　　（6）在农信社还有其他账户　　（7）其他，请注明

如选择转到其他金融机构，转往哪家？（1）工行；（2）农行；（3）中行；（4）建行；（5）城商行；（6）邮储；（7）村镇银行；（8）其他，请注明

换银行的主要原因（请按顺序选择三个）

（1）贷款比较方便，符合需要；（2）存款或汇款便捷；（3）分支多，离家近；（4）服务态度好；（5）利息较高；（6）可提供多种金融产品；（7）可在家/办公室进行银行业务的办理；（8）其他，请注明

您认为农信社以下哪三种因素最需要改善：

（1）贷款期限太短；（2）金额太小；（3）申请和审批的程序太复杂；（4）拿到贷款的周期太长；（5）应去掉或减轻抵押品的要求；（6）应去掉或减轻对担保人的要求；（7）贷款服务质量有待提高；（8）贷款要找熟人；（9）存款、取款、或异地汇款不方便；（10）产品不够全面；（11）查账不方便；（12）其他（请注明）

29. 如果主要贷款不在农信社，您是否计划换为农信社？

（1）是　　（2）否

如果回答是，改变存款银行的主要原因是：（请按顺序选择三个原因）

（1）贷款比较方便，符合需要；　　（2）存款或汇款便捷；（3）分支多，离家近；（4）服务态度好；（5）利息较高；（6）可提供多种金融产品；　（7）可在家/办公室进行银行业务的办理；（8）其他，请注明

如果回答否，作为客户，您认为以下哪些需要改进？（请按顺序选择三项）

（1）贷款比较方便，符合需要；　　（2）存款或汇款便捷；（3）分支多，离家近；（4）服务态度好；（5）利息较高；（6）可提供多种金融产品；　（7）可在家/办公室进行银行业务的办理；

（8）以上所有；（9）其他，请注明

以下问题关于您公司的支付服务

30. 在您选择支付服务的银行时，您觉得最重要的因素是：请按顺序选择三项

（1）开户方便

（2）管理账户方便（比如有 ATM，更多的分支网点）

（3）允许异地存取款

（4）利率水平

（5）利息以外的其他奖励（如礼品）

（6）存款对贷款的申请有益

（7）高品质服务

（8）在政府发放补贴/资金支持的金融机构

（9）参与存款保险系统的机构

（10）其他（请注明）

以下问题关于保险服务

31. 您购买过何种保险？（多选）

（1）医疗保险；（2）财产保险；（3）人身伤害险；（4）损失补偿险；（5）意外伤害险；（6）人寿保险；（7）无；（8）其他，请注明

如果您购买过保险，是否申请过赔偿？

（1）是 （2）否

您的赔偿申请是否得到批准？1＝是 2＝否

如果是，保险公司理赔了多少？_____元

以下问题关于非金融服务

32. （1）您的银行提供非金融服务么？1＝是 2＝否

如果是，提供哪些服务：

（1）延伸服务 （2）产业发展服务 （3）培训 （4）客户网络 （5）其他，请注明

（2）您的企业使用哪种服务？

（1）延伸服务　　（2）产业发展服务　　（3）培训　　（4）客户网络　（5）其他，请注明

（3）使用这些服务需要付费吗？1＝是　2＝否

（4）您觉得非金融服务的服务质量如何？

（1）非常好　　（2）好　　（3）一般　　（4）不好　　（5）非常不好

（5）这些服务对于您的企业有多重要？

（1）非常重要　　（2）重要　　（3）一般　　（4）不是很重要（5）不重要

（6）银行的服务水平

每周花多长时间处理银行业务？＿＿＿＿＿＿＿小时

33．您光顾银行分支机构的目的在于：

（1）信息咨询　　（2）支付服务　　（3）存款　　（4）取款（5）贷款产品　　（6）租赁产品　　（7）保险　　（8）投资基金（9）其他（请注明）

34．您尝试过以下服务吗？

（1）电话银行服务：1＝是　2＝否

如果是，通过这种途径您购买过何种服务/产品：

（1）信息咨询　　（2）支付服务　　（3）存款　　（4）贷款产品　（5）其他（请注明）

（2）网上银行：1＝是　2＝否

如果是，通过这种途径您购买过何种服务/产品：

（1）信息咨询　　（2）支付服务　　（3）存款　　（4）贷款产品　（5）其他（请注明）

（3）ATM：1＝是　2＝否

如果是，通过这种途径您购买过何种服务/产品：

（1）信息咨询　　（2）支付服务　　（3）存款　　（4）贷款产品　（5）其他（请注明）

35．您现阶段在什么地方处理银行业务？（按顺序列出最主要的3项）

（1）分支银行　（2）银行业务员上门服务　（3）定期的邮件　（4）网络　（5）电话银行　（6）ATM　（7）与银行电话联系　（8）其他（请注明）

36. 您更喜欢在哪里处理银行业务？（按顺序列出最主要的3项）

（1）分支银行　（2）银行业务员上门服务　（3）定期的邮件　（4）网络　（5）电话银行　（6）ATM　（7）与银行电话联系　（8）其他（请注明）

农业科技企业调查问卷

一 企业基本概况

1. 企业名称：_____
2. 企业创办时间：_____年
3. 企业注册资本：____万元
4. 企业拥有科技人员占总员工数____%
5. 2012 年企业用于科技研发的投入_____万元
6. 企业平均每年用于购买科技成果的投入____万元
7. 企业经营领域：____ （1）种业；（2）种植；（3）养殖业；
（4）农产品及食品加工、储藏与物流；（5）农用物资；（6）农机
装备及农业设施；（7）农业和农村信息化；（8）生物质能源及生
物基材料；（9）林木资源培育及林产加工；（10）农业生态及农村
环保；（11）动植物疫病防控及防灾减灾；（12）其他_____

二 企业金融情况调查

1. 2010—2013 年，贵企业是否获得银行信贷融资？ （1）是
（2）否（若答案为"否"，那么，为什么没有获得融资？
（3）自有资金已经能够满足需要 （4）申请过，但没有得到
（5）自有资金不足，但是因为没有与银行打过交道，也没有申请。
然后，回答问题 3 及其以后的问题）
2. 贵企业向银行申请贷款时，提供的担保方式是？

（1）房地产抵押　　（2）设备抵质押　　（3）专利权、商标权等无形资产质押　　（4）应收账款、仓单等票据质押固定资产抵押　　（5）担保机构担保　　（6）企业联保或互保（7）不能提供任何担保

3. 对下表中的融资方式的了解和使用情况（在相应选项中√）

金融工具	了解程度			
	使用过	了解，但未使用	有所了解	不知道
综合授信贷款				
固定资产贷款				
票据贴现				
专业担保机构担保贷款				
保理融资				
商标权、专利权、著作权等权益质押贷款				
动产质押贷款				
订单质押贷款				
股权质押贷款				
出口退税质押贷款				
联保协议贷款				

4. 2012—2013 年贵企业各种渠道的借款平均年利率（含基本利息和浮动部分）为？

（1）1%—5%　　（2）5%—6%　　（3）6%—7%　　（4）7%—8%　　（5）8%—9%　　（6）9%—10%　　（7）10%—15% 以上（8）15% 以上

5. 企业在 2010—2013 年期间的融资过程中遇到的主要问题（可以多选）＿＿＿

（1）融资渠道单一　　（2）缺乏抵押和担保机制和机构（3）银行信贷人员缺乏激励约束机制，开展业务的动力不足（4）信贷融资成本太高　　（5）宏观紧缩，银行没有信贷额度，得不到贷款　　（6）企业资产负债率太高，银行不给贷款　　（7）银行贷款程序复杂和手续繁杂

6. 2010—2013 年贵企业从政府获得的财政扶持资金为____万元，其中国家级____万元，省级_____万元，地市级____万元，县区级_____万元。

7. 企业创办时，企业各项融资来源中自有资金占____万元，吸收他人入股____万元，银行贷款__万元，民间贷款____万元，内部职工集资__万元，其他_____万元。

8. 2013 年 9 月底，企业各项融资来源中自有资金占____万元，吸收他人入股____万元，银行贷款____万元，民间贷款__万元，内部职工集资____万元，其他____万元。

9. 从贵企业实际的经营看，所希望的最大借入资金量为____万元。

10. 如果贵企业有购买科技成果的经历，购买过程中遇到的问题是（可多选）：

（1）找不到相关科技成果的信息　　（2）没有特别适合企业需求的科技成果　　（3）科技成果的产权界定和评估困难　　（4）没有便捷的科技成果交易平台　　（5）购买时遇到融资问题

11. 如果贵企业自己开发科技成果，那么，贵企业"最有可能"获得下面哪种方式的帮助：

（1）不需要任何帮助　　（2）政府科技部门关于农业科技成果的政策资金支持　　（3）银行的贷款资助　　（4）创投基金资助

12. 企业发展的首要制约因素：

（1）资金短缺　　（2）技术力量缺乏　　（3）市场约束（4）信息约束　　（5）融资渠道不畅　　（6）政策环境不理想

后　记

在这个物质财富极大丰富的年代，科技进步、知识爆炸与工业化无限放大了人们改善生活、提高自身福利水平的自信心，甚至在很多时候演化成一种自负。2007年爆发的次贷危机最终演变成一场全面的经济危机，这一重大历史事件无情地击碎了人们无限自负的幻想，它提醒人们这个世界的苦难从没有远离，这警告人们人类所经历的苦难中由人类自我引爆的灾难可能并不比来自自然界的灾难少。人类认知的偏离和失误很可能是导致这些灾难出现的罪魁祸首。阿玛蒂亚·森对20世纪的孟加拉大饥荒和埃塞俄比亚饥荒的研究提出了权利方法，使人们对权利和饥荒的认识进入了更高的层次。经济学被公认为社会科学中至少在研究范式、工具上是最接近科学的学科，但它同其他所谓社会科学一样具有重大缺陷，它无法通过相对低成本的实验进行验证并修正、发展自己的理论体系，每一次社会实验都关乎无数人的生命和幸福，以及作为人的尊严。因此，一个相对更加逼近真理的知识是多么可贵！

出生在20世纪80年代的中国，让我有幸见证了这段中国崛起的光辉历史，一路求学，一路思考，一路见证了祖国每天令人欣喜的变化，这种欣喜来自我们内心对家园的关怀。如果说中国人研究中国经济问题与外国人研究中国经济问题会存在什么样的根本差别，我想对这片辽阔大地和大地之上生活着的人们的热爱是两者的最根本区别！这是我跟随何广文教授脚步的最大感悟。感谢母校——中国农业大学，我内心深深引以为母校的学校，从本科一路读到博士，分别读了三个学校，但唯有在中农，我找到了心灵上的归属感，求学与读书一直是我最大的心愿，三年前的这个春天，我踏入了中国农大的校园，这里所有的人和事物，一草一木，所有的氛围都仿佛熟悉得不能再熟悉，这或许与我出身农家的宿命有关。博士三年，短暂也匆忙，感谢母校为我提供的各项条件，最感谢母校的是母校赋予了我那么辽阔的胸襟和情怀，在这里，我找到了我人生的终极关怀，明了了自己人生为之不懈奋斗的价值所在！就要离开母校了，我为自己现在这仅有的一点儿成就那么微不足道而深感恐慌和不安，这将鞭策我在日后的工作中更加勤奋，而这将成为我人生永恒的精神财富！如果说我能有什么给予我即将来到这个世界的孩子，我想就是这些吧！

感谢何广文教授，我敬爱的导师！严厉的面孔下包含了一颗温柔而慈祥的心，在这三年中，教会我的东西太多，品格的高贵、学术造诣的精深、无声无息的启迪，潜移默化，春风化雨，仰之弥高，钻之弥坚！中国的经济学是写在大地上的，将是我学术前进永远的方向！而这个命题之所以成立，就是基于我在农大三年最终守护的一个观点或经验认识：中国经济几十年的快速发展说明中国肯定做对了很多事情，并积累了相当可观的逼近真理的知识量，这是中国人民集体创造的智慧财富宝库，而学者的任务则是将这些知识加以整理、总结，学者只是搬运工的角色而已！这些知识终将成为全人类改变苦难命运、文明再次兴盛的有力武器！

感谢汉斯教授所给予的宝贵意见，他给了我很多的启发，同时感谢郭沛院长在我与汉斯教授沟通时及时的翻译，这件小事让我看到了农大经管的胸襟和未来宽广的道路！感谢翟留栓副教授在我即将毕业之际，倾囊无私地传授给我诸多读书、研究心得，这将使我终身受益！感谢匿名评审人，你们的宝贵意见使我的论文得到很大的改进和完善！感谢我的舍友黄春全同学和我的师兄杨虎锋博士在论文模型方面的帮助！感谢我的挚友李金亚、刘阁龙、曾祥麟、黄光洲在我读博期间对我精神和生活上的支持和鼓励！感谢我可爱的师妹王力恒所提供的协助工作！

　　感谢我的父母，二十多年来的辛勤和付出，数十年如一日地全力支持，没有你们的付出，哪有我这微不足道的成就！感谢我的爱人和儿子，将我的第一本著作献给你们！

苏小松

2017.3.1